BASSESSE !

OU

LA VÉRITÉ

SUR

L'AFFAIRE BOULANGER

PAR

VÉRITAS

O tempora, o mores !

Prix : 1 fr. 50

PARIS

LIBRAIRIE LÉON VANIER

19, QUAI SAINT-MICHEL, 19

1888

BASSESSE !

OU

LA VÉRITÉ

SUR

L'AFFAIRE BOULANGER

PAR

VÉRITAS

O tempora, o mores !

PARIS

LIBRAIRIE LÉON VANIER

19, QUAI SAINT-MICHEL, 19

1888

Il est des heures où, comme la marée montante, la colère, le dégoût, montent du cœur aux lèvres, où la plume, transformée en fouet vengeur, châtie et stigmatise les insensés qui salissent l'histoire de leur Patrie par des actes révoltants de duplicité, d'injustice et de forfaiture éhontée.

Nous traversons une lamentable époque. Le sentiment de l'équité la plus élémentaire disparaît sous l'égarement des partis affolés de haine et de peur.

Nous avons vu un Gouvernement lui-même perdre toute notion du juste et de l'injuste et chercher un sauvetage impossible dans une odieuse iniquité.

Il nous faut faire justice de ces errements néfastes qui deviennent un danger mortel pour l'honneur et l'existence même du pays.

Le fer rouge de la vérité doit être porté hardiment sur cette gangrène morbide ; et il est devenu essentiel de clouer au pilori du mépris public et de l'implacable histoire, les imprudents auteurs d'une œuvre infâme, sans précédent, que tous les cœurs honnêtes désignent d'un seul nom :

BASSESSE ! ! !

I

Coup-d'œil rétrospectif. — Déclaration de guerre. — Conséquences fatales

Ceci est un point d'histoire contemporaine que nous tenons à fixer.

C'était après la chute du *grrrand ministère* de Gambetta, lequel, selon l'expression consacrée, avait vécu : « *Trois mois moins douze jours dont trois semaines de vacances* ».

Une réunion des amis du ministère tombé avait lieu dans un grand salon politique de l'époque ; la maîtresse du logis, femme d'un grand cœur, avait convoqué le ban et l'arrière-ban des fidèles du grand Tribun, encore sous le coup de sa défaite.

Gambetta se tenait piteusement affalé dans un fauteuil. Autour de lui grouillaient à foison les ambitions déçues, les appétits inassouvis, les espérances trompées, tout ce qui, enfin, s'était accroché aux vêtements de ce grand homme alors incompris. Cette foule de besoigneux de tous étages offrait le spectacle grotesque et hideux de chiens affamés auxquels on refuse un os à ronger, et qui, poussés par le cri de leurs entrailles, sont sur le point de déchirer et de dévorer le maître infortuné, devenu impuissant à satisfaire leur faim désordonnée.

Un invité plus clairvoyant vit le danger de la situation, et, afin de donner à cet amas de passions malsaines et dangereuses un dérivatif naturel, proposa une motion à l'effet de substituer des espérances et des éventualités pleines de promesses rutilantes, à la plus décevante et à la plus stérile des réalités.

La motion eut un succès d'enthousiasme égal pour le moins à l'état aigu de ces convoitises accumulées.

Ce fut, sauf le but avouable, comme un nouveau serment du *Grüthli*. Après la discussion de diverses formules, il fut arrêté que tous les moyens seraient bons et devraient être employés sans scrupule pour :

1° Ressaisir le pouvoir qu'une ingratitude inqualifiable venait d'enlever à l'incomparable patriote.

2º Saisir aux cheveux avec empressement toutes les occasions d'assurer la pâture à tous ces estomacs creusés par le plus profond dévouement à la bonne cause et à leur propre fortune.

3º Que la France et la République deviendraient ce qu'elles pourraient dans ces aventures : le devoir primordial et sacré consistait avant tout à assurer dans l'avenir, comme revanche du passé, le succès du grand Gambetta et de ses précieux amis.

Ces faits se passaient en février 1882.

Le 31 décembre de la même année, après une longue et douloureuse agonie, Gambetta expirait à Ville-d'Avray, laissant encore une fois ses amis et ses fidèles dans le besoin.

La France, toujours généreuse à l'excès, jetant un voile sur les erreurs de la dernière heure, ne vit plus que le patriote éminent, que le glorieux tribun, que le revendicateur de ses droits et de l'intégrité de son territoire, à pleurer et à glorifier : elle fit à Gambetta des obsèques spendidement nationales, dignes en tous points de la reconnaissance d'un noble et grand pays.

Que firent alors les fidèles servants de l'opportunisme affamé ?

Sans vergogne, ils battirent la réclame sur le cadavre de ce grand mort, ils formèrent une sorte de phalange macédonienne et montèrent à l'assaut de toutes les affaires et de tous les emplois.

De nombreux scandales ne tardèrent point à se produire sous les pas de cette tourbe sans frein, n'ayant de conscience que la satisfaction de ses appétits.

Nous ne nous attarderons pas à les analyser, le cadre de cette rapide étude ne nous le permet pas ; nous énumérerons seulement pour mémoire :

L'Affaire Tunisienne, — les Eaux de Tunis, — les Obligations tunisiennes, — le Tonkin, — Lang-Son, — la Nation et le Parlement trompés par le chef de l'opportunisme, — la mort de Courbet, — les dépêches Ferry, — la politique française applatie devant l'Allemagne, — les mines Bavier-Chauffour, — etc., etc., etc.

Grâce à l'absence de lois sur les responsabilités présidentielles et ministérielles, lois réclamées jadis à des époques différentes par Pascal Duprat et par l'honorable M. Guichard, ies infâmes intrigants, que leurs mensonges impudents et leur détestable politique précipitèrent du pouvoir, ne purent être mis en accusation, au grand dommage de la morale publique.

L'impunité leur fut acquise; nous avons vu M. Challemel-Lacour, l'auteur *de la quantité négligeable*, après nous avoir embarqué, comme ministre, dans une effroyable aventure contre une nation de quatre cents millions d'âmes, s'en aller tranquillement guérir à l'étranger une maladie d'intestins fortuitement causée par les circonstances; nous avons vu depuis M. Jules Ferry, l'inventeur *du coup de la dépêche*, se retirer en toute sécurité dans son manoir des Vosges, ou bien se promener impudemment en Algérie, après avoir accumulé, sur notre malheureuse patrie, fautes sur fautes, mensonges sur mensonges, platitudes sur platitudes, hontes sur hontes, désastres sur désastres.

Il pourra toujours en être ainsi tant que les lois ci-dessus citées nous feront défaut et que, sous le gouvernement de la République, les pouvoirs présidentiels et ministériels n'auront ni limites déterminées, ni sanction. Si la responsabilité ministérielle était effective, nous n'aurions pas à flétrir les actes que nous allons livrer à la vindicte publique.

Que d'humiliations, que de souffrances auraient été épargnées à notre pauvre pays si justice avait été faite de ces grands coupables et de leurs complices.

Les élections générales d'octobre 1885 vengèrent en partie la nation de ces turpitudes gouvernementales. En effet, en dehors de la trentaine d'opportunistes qui se réfugièrent au Sénat, le grand asile des épaves du suffrage universel, *cent trente-neuf* autres mordirent la poussière et restèrent sur le carreau électoral, faisant place à cent membres de l'opposition monarchiste, qui vinrent compliquer d'une manière désastreuse la situation parlementaire.

Au ministère de l'austère Brisson, auquel on devait des élections sincères, succéda le ministère Freycinet dont fit partie l'homme qui occupe aujourd'hui toutes les conversations; nous avons nommé le général Boulanger, la victime de l'atroce infamie que nous allons relater par le menu.

Nous mettrons, en même temps, à néant les ignobles calomnies qui ont dépeint ce *brave soldat*, tantôt comme un factieux, contempteur de la discipline militaire et des lois, tantôt comme un conspirateur, un aspirant à la dictature, à nous ne savons quel grotesque césarisme, en un mot, comme le futur égorgeur de nos libertés publiques et de nos institutions républicaines.

II

Le général Boulanger. — Son passé. — Ses sentiments

Puisque la calomnie n'a pas craint de s'attaquer à lui et d'incriminer ses sentiments de patriote, de soldat et de citoyen, nous allons rappeler rapidement la biographie du général, connue déjà de tant de monde. C'est uniquement pour les sourds et les aveugles volontaires que nous faisons cette citation :

Jeune d'âge, plus jeune encore physiquement, d'une taille au-dessus de la moyenne, l'œil vif et doux tout ensemble, la physionomie énergique et accentuée, tout à la fois robuste et distingué, dur à la fatigue, le général Boulanger doit à son origine armoricaine la force remarquable de résistance dont il a donné tant de preuves dans sa carrière déjà si bien remplie, si noblement éprouvée.

A ces dehors séduisants, si nous ajoutons qu'à une intelligence hors ligne, à une mémoire peu commune, le général joint une extraordinaire facilité d'assimilation et de production de travail, nous aurons donné une idée aussi exacte que possible de cette individualité remarquable, une des plus chères espérances de notre patrie et de notre armée.

Né à Rennes (Ille-et-Vilaine), le 29 avril 1837, le général Boulanger (Georges-Ernest-Jean-Marie) est entré au service, le 15 janvier 1855, comme élève à l'école de Saint-Cyr et fut nommé sous-lieutenant au 1ᵉʳ régiment de tirailleurs algériens à Blidah le 1ᵉʳ octobre 1856.

En 1857, il fit, sous les ordres du maréchal Randon, l'expédition de la grande Kabylie et se trouva, le 24 mai, à l'attaque des crêtes des *Jrdjerdis*. — Le 1ᵉʳ régiment de tirailleurs prit part, en 1859, à la campagne d'Italie. Le sous-lieutenant Boulanger eut la poitrine traversée d'une balle, le 3 juin 1859, au combat de *Turbigo* ; nommé chevalier de la Légion d'honneur le 17 juin 1859, et rentré en Afrique après la guerre, il fut nommé lieutenant au choix le 28 octobre 1860.

Embarqué avec sa compagnie pour la Cochinchine, il était, le 20 avril 1861, blessé d'un coup de lance à la cuisse gauche au combat de Traï-Dan. — Il fut nommé capitaine le 21 juillet 1862 et détaché, en 1866, comme capitaine instructeur à l'École de Saint-Cyr. — Chef de bataillon le 17 juillet 1870, il fit la campagne de Paris et fut promu lieutenant-colonel le 9 novembre 1870 au 114° régiment d'infanterie. — Quelques jours après, à la bataille de Champigny, il avait l'épaule droite fracassée par une balle et recevait la croix d'officier de la Légion d'honneur. — En janvier 1871, nommé colonel du 114° de ligne, il reçut une quatrième blessure (un coup de feu au coude gauche), il fut cité pour la seconde fois à l'ordre du jour de l'armée et nommé commandeur de la Légion d'honneur.

Si le jeune colonel, singulièrement favorisé par les circonstances, avait gravi rapidement les échelons de la hiérarchie, il est équitable d'ajouter qu'il avait payé d'une blessure et arrosé de son sang chaque distinction et chaque grade qui lui avaient été conférés. En bonne justice, ils devaient lui être dûment acquis !

La commission de révision des grades le remit lieutenant-colonel.

Promu colonel le 15 novembre 1874, il commanda le 133° d'infanterie jusqu'au 4 mai 1880, date de sa nomination au grade de général de brigade. — Il fut appelé alors au commandement d'une brigade de cavalerie dans le 14° corps d'armée.

Le général Boulanger fut désigné comme chef de la mission envoyée aux États-Unis, pour représenter la France aux fêtes du Centenaire de l'indépendance américaine.

On n'a pas oublié les discours et les diverses allocutions du jeune général, qui sut, pendant cette mission de quatre mois, par son tact et par la dignité de son attitude, resserrer encore les liens fraternels des deux grandes nations républicaines. — Un banquet commémoratif du Centenaire a lieu chaque année, à Paris, sous la présidence du général Boulanger ; tous les membres des missions françaises et américaines se font un devoir et un plaisir d'y assister

Le général Boulanger fut chargé par le ministre de la guerre de remettre le drapeau au bataillon du Prytanée militaire. Nous devons faire connaître comment cette mission a été remplie.

Dès son arrivée à La Flèche, le général, par une touchante attention, est allé, *proprio motu*, rendre visite aux anciens professeurs en retraite du Prytanée, la plupart fort âgés, et résidant dans la ville, voulant ainsi rendre le plus sympathique hommage à ces longues et si honorables carrières qui, dans leur noble humilité, avaient formé, cependant, tant de générations de héros. L'effet de cette démarche de cœur fut immense chez le personnel enseignant du Prytanée, comme parmi la population fléchoise.

Ce n'était qu'un prélude.

Le lendemain, après la revue passée, au moment de la remise du drapeau, en présence des sénateurs, des députés, de toutes les autorités civiles et militaires du département et de la région, devant un grand nombre d'anciens Fléchois, officiers de tous grades, etc., etc., devant toute la population fléchoise et des environs, le général Boulanger a enlevé les cœurs par une chaleureuse et sublime allocution dont voici les principaux passages :

. . . .

Vous êtes tous ou presque tous des fils d'officiers ou de fonctionnaires de l'Etat envers lequel vous avez contracté une sorte d'engagement d'honneur : et, si nous allons vous chercher au sein de la jeunesse française, c'est parce que nous savons trouver en vous de jeunes âmes habituées dès le premier âge à tous les sacrifices, mais aussi à toutes les noblesses de notre pauvreté militaire. . . . .

Apportez dans cette enceinte les douces leçons puisées dans vos familles, rendez-vous dignes d'elles par vos sentiments délicats et élevés; renoncez complètement, enfants de la fin du dix-neuvième siècle, à ces habitudes quasi barbares qui ont pris naissance dans ces temps grossiers où la force semblait supérieure au droit et où il fallait bien brimer l'enfant pour dresser l'homme à la dure brimade du despotisme. . . . .

. . . .

La Flèche a eu son drapeau jusqu'en 1880, je viens vous le rendre ; il fallait bien, en effet, que vous eussiez votre 14 juillet, cette grande et belle journée où tous les cœurs français battaient à l'unisson, alors que le vénéré *Président de la République* remettait à chaque corps son étendard et que nous jurions tous de tout sacrifier, existence et intérêts, pour le défendre, pour le rendre glorieux.

Ce n'est pas seulement, sachez-le bien, pour le drapeau du régiment, que tant de braves se sont fait tuer ! C'est pour le drapeau de la France.

Et ce sera le vôtre !

Regardez tous !...

Le drapeau du Prytanée porte d'un côté : *République Française. Prytanée militaire* ; et de l'autre côté deux mots seuls sont écrits : *Honneur ! Discipline !*

De bravoure, il n'en est pas question, s'adressant à des Fléchois, le mot est superflu....

Honneur ! Discipline ! telle est la loi du soldat....

Colonel, officiers, professeurs, élèves du Prytanée, *au nom du Président de la République*, au nom du ministre de la guerre, je vous remets votre drapeau, je vous le confie, je le confie en même temps aux mânes de tant de braves soldats sortis de cette école et restés sur tant de champs de bataille, je le confie à la mémoire des 66 officiers fléchois qui ont succombé pendant la guerre de 1870. . . . .

. . . .

Ayez toujours désormais les yeux fixés sur cet emblème et vous fournirez à notre chère patrie des hommes capables d'enrichir un jour le patrimoine de nos gloires nationales. . . . . Vous répondrez à la confiance *que la France, que la République met en vous*, car vous aurez grandi à l'ombre du drapeau, du *drapeau tricolore, ce grand semeur de nos libertés, dont la noble et généreuse main a si largement répandu sa graine sur tous les sols, que cette graine germe aujourd'hui sur le monde entier ! ! !...* »

L'enthousiasme fut indescriptible, des larmes étaient dans tous les yeux, les cœurs étaient profondément émus. « On ne nous avait jamais parlé ainsi », disaient les vétérans du Prytanée.

On ignorait, en effet, ce noble et fier langage auquel *les généraux de la République* ne nous avaient pas encore habitués.

Ce fut une révélation.

Délégué, quelque temps après, par le ministre de la guerre pour inspecter l'école des sous-officiers, élèves officiers de Saint-Maixent, le général Boulanger sut encore développer les sentiments si élevés qui l'animent, dans une magnifique allocution prononcée après la revue d'honneur, en face de la statue du colonel Denfert-Rochereau, allocution dont voici la péroraison.

. . . .

Quant à la vraie communauté d'origine, je vous le dis, élèves-officiers de Saint-Maixent, comme je le dirais aux élèves officiers de Saint-Cyr, *nos pères l'ont proclamé à la face du monde en 1789*, et l'ont cimentée par leur sang répandu en commun sur tous les chemins glorieux et douloureux parcourus depuis cent ans par la France.

En terminant, je vous renouvelle ma satisfaction, je vous répète, au nom du ministre de la guerre, que vos travaux, vos efforts, vos succès sont suivis avec la plus grande sollicitude et que le pays fonde sur vous la plus grande espérance :

Et, quel lieu serait mieux choisi pour faire appel à ces sentiments que la place même où s'élève la statue du colonel Denfert, juste hommage rendu par ses concitoyens au soldat patriote par excellence, dont vous n'aurez qu'à évoquer le souvenir pendant toute votre carrière pour savoir comment on doit servir et la France *et la République.*

. . . .

Délégué de nouveau pour représenter le ministre de la guerre à l'inauguration de la statue du général Delzons, le général Boulanger, après avoir peint de main de maître la grande figure du héros de l'Auvergne, prouva hautement qu'il était l'admirateur et le fervent adepte des grandes vertus civiques, comme des grandes vertus militaires, par cette remarquable péroraison :

. . . .

Le général Delzons, gouverneur d'une province vaincue, sut mériter le surnom de *vertueux* et de *juste.*

Il sut mourir pauvre au milieu de ce bouleversement des fortunes de l'Europe dispersées aux quatre vents par le sabre du vainqueur.

Cette poitrine de soldat renfermait les qualités du grand citoyen, et c'est bien à vous, ses compatriotes, d'avoir choisi pour honorer une telle mémoire, ces fêtes pacifiques, triomphes de la Révolution.

C'est comprendre cette belle figure que poser en même temps la première pierre d'un lycée, la première pierre d'une école normale. . . . .

. . . .

Jeunes hommes qui nous entourez, dont je devine et je sens l'émotion contenue : en quittant cette hospitalière cité, je ne vous dirai pas adieu ! mais à un revoir prochain. Vous allez bientôt venir prendre place dans les rangs de notre armée et vivre de cette fraternelle existence qui permet aux hommes de s'apprécier et abaisse les barrières élevées entre eux par les préjugés d'une autre époque.

Préparez-vous dès aujourd'hui à cette mission du soldat *qui est devenue si haute depuis qu'elle est le partage de tous.*

Vous n'oublierez pas cette belle journée qui nous réunit au pied de la statue du Volontaire de 92, et, vous vous souviendrez si la France, *si la République* font un jour appel à votre dévouement, que vous êtes les descendants des vaillants Avernes, des Delzons, des Desaix et des Vercingétorix.

Au banquet offert le soir par la ville, le général, répondant à un toast à l'armée, a prononcé les paroles suivantes, extraites de son allocution :

. . . .

Vous avez confiance en l'armée, Messieurs, merci ! Vous ne prêtez pas l'oreille aux insinuations de quelques esprits malades qui nient le progrès accompli par elle depuis dix ans.

L'armée travaille, elle se recueille, et parce qu'elle est modeste et silencieuse, parce qu'elle n'a plus ces allures provoquantes qui ne conviennen pas *à l'armée d'une démocratie,* des aveugles croient qu'elle s'endort.

Que quelqu'un, se fiant à ce sommeil, vienne donc toucher à la France !

Régénérée par le malheur, par les institutions qu'elle s'est librement données, la France aime et désire la paix ; mais elle n'abdique aucun de ses droits et n'abandonne pas la place qui lui appartient dans le concert des peuples. Son armée est là qui ne peut tirer l'épée que par la volonté de ses représentants et n'est plus l'instrument de l'ambition d'un seul.

Comme l'a si bien dit à la tribune de la Chambre des députés, le ministre de la guerre : *l'armée de la France, c'est l'armée de la République* paroles profondes qui, en rejetant bien loin dans l'ombre les compétitions malsaines de quelques factions séniles, ont tracé, d'un seul mot, à l'armée toute l'étendue, toute la grandeur de son rôle et de ses devoirs, auxquels elle ne faillira pas.

Si nous avons cru devoir insister sur les discours du général Boulanger, c'est parce qu'ils sont toujours la sincère expression de ses sentiments, et que la meilleure manière de faire connaître un homme de cette valeur consiste, selon nous, à produire ses paroles et à le faire, pour ainsi dire, s'analyser lui-même. Il est difficile, après les avoir lus, de douter de son profond et sincère dévouement aux institutions républicaines.

L'envie devait naturellement s'attaquer déjà à celui qui se plaçait à une telle hauteur ; aussi, lors de l'inauguration de la statue du général Lafayette, le général Boulanger, bien que tout désigné par la mission qu'il avait remplie aux Etats-Unis, et demandé, de plus, par les sénateurs, les députés, toutes les autorités et notabilités de la région, comme par la mission américaine tout entière, pour représenter le ministre de la guerre empêché, se vit enlever, par une misérable intrigue de cabinet, l'honneur de rendre hommage au héros français dans cette fête nationale et internationale tout ensemble, alors qu'il lui avait été donné de rendre hommage au héros américain, au lieu même où ces deux grands hommes avaient achevé et illustré le grand œuvre de l'indépendance américaine.

Le général Boulanger a exercé les fonctions de directeur de l'infanterie sous trois ministres de la guerre, et il n'est pas de preuves de dévouement et de zèle qu'il ne leur ait prodiguées.

Il était réservé à M. le ministre Campenon de rendre hautement justice à ce rare mérite, il l'a fait résolument sans écouter la voix de l'envie, cela lui fait le plus grand honneur et lui donne droit à la gratitude de toute l'armée.

Quinze campagnes, plusieurs citations à l'ordre du jour de l'armée, quatre blessures, de nombreuses et hautes distinctions étrangères complètent le bagage militaire de celui dont nous venons d'esquisser la noble carrière.

Le général Boulanger a été désigné pour prendre le commandement de la division d'occupation de Tunisie.

— Ambition insatiable ! murmurent quelques envieux.

— Ambition, soit !

L'ambition, respectueuse des lois, lorsqu'elle est aussi noblement justifiée, est une grande force acquise à la Patrie et à la République.

Le général Boulanger fut nommé, comme nous l'avons dit plus haut, au commandement du corps expéditionnaire de Tunisie.

Ennemi de toute concussion, il ne tarda pas à se trouver en antagonisme avec la faction opportuniste qui avait déjà mis en partie, et voulait mettre en entier, la Régence en coupe réglée.

L'affaire « des Eaux de Tunis » déjà citée, celles des « Alfas » et *tutti quanti* viennent à l'appui de nos assertions.

Une rancune noire suivit le général à son retour en France et ne l'a pas quitté pendant son passage au ministère de la guerre.

Nommé ministre de la guerre le 8 janvier 1886, le général Boulanger donna pendant dix-sept mois la mesure de ce que l'on pouvait attendre de son intelligence, de son activité, de sa puissance de travail et de son patriotisme.

L'historique de son ministère et la manière dont il en sorti seront racontés plus loin du haut de la tribune parlementaire par son honorable ami, M. Laguerre, député ; nous ne voulons pas en atténuer l'effet par une citation prématurée. Néanmoins, il est deux circonstances que nous devons rappeler.

Dès le début, le ministre Boulanger eut à faire cesser des intrigues politiques nées du séjour prolongé des mêmes régiments dans les garnisons du centre où ils semblaient s'être éternisés.

La presse monarchique prit un grand émoi de ces mesures qualifiées : *iniques* et *criminelles* ; ce fut un tolle général à ce point que le général Schmitz, pris à partie par un article du journal le *Figaro* qui l'accusait de n'avoir pas défendu sa brigade de cavalerie, crut devoir protester par un télégramme officiel au général Baillod, commandant cette brigade, télégramme qu'il fit reproduire par toute la presse et ainsi conçu :

Réunissez, officiers brigade, dites-leur que le journaliste qui a écrit l'article du *Figaro* a menti. Pas un mot de plus, rompez « le cercle ».

O. SCHMITZ.

Ce qui fut fait.

La publication de ce télégramme était un blâme direct adressé au ministre de la guerre, le général Schmitz fut relevé de son commandement et mis en disponibilité.

Si nous rappelons cet incident, c'est par ce qu'il fit honneur au ministre de la guerre d'alors et sera invoqué plus tard contre lui pour justifier les mesures les plus odieuses.

Quant à nous, comme pour tous ceux qui désirent ne pas voir tomber l'épée de la France en quenouille ou se transformer en éventail, nous n'avons pu qu'approuver les changements de garnison après *quatorze ans* de séjour, estimant que l'équité la plus élémentaire s'oppose à ce que les mêmes régiments, d'une même armée, occupent à perpétuité les meilleures garnisons.

Quant à l'incident regrettable auquel ces premières mesures ont donné lieu et qui a motivé une juste sévérité, nous sommes reconnaissant au ministre de la guerre de n'avoir pas permis qu'il fût ajouté impunément à nos annales militaires une scène inédite de *la Grande Duchesse d'Offenbach*.

Il est difficile, en effet, à tout esprit sain et de sens droit de qualifier autrement cette boutade d'opérette, d'un général en chef, réunissant par dépêche officielle les corps d'officiers d'une brigade de cavalerie, pour leur communiquer, par l'organe de leur chef direct, le démenti formel qu'il croit devoir infliger à un article de journal, *ce journal fût-il le Figaro.*

Interpellé au sujet de ces incidents à la Chambre des députés, le ministre Boulanger fit la magnifique déclaration suivante qu'il nous faut bien rappeler aujourd'hui, puisque ceux qui le soutenaient alors ont élevé des doutes récents, sincères ou non, sur ses sentiments républicains.

M. le ministre de la guerre.... mais permettez moi, afin de faciliter le débat, d'adresser, moi aussi, une question à l'honorable M. Gaudin de Villaine : Sommes-nous, oui ou non, en République ? . . . .

En vérité, on pourrait en douter en voyant un ministre républicain, le chef de l'armée, attaqué tout simplement parce qu'il a pris une mesure tendant à assurer le respect de la République. . . . .

Et plus loin, lisant une circulaire lancée à ce sujet, le ministre Boulanger ne craignait pas d'affirmer :

Qu'il ne tolérerait pas que certaines coteries se forment dans l'armée..... coteries se faisant gloire de leur hostillité..... s'emparant comme d'un cachet de distinction..... traduisant le mépris de nos institutions par des allures blessantes pour les représentants du Gouvernement..... et cela, parce qu'on se croit suffisamment couvert, quelques-uns par les services qu'ont rendus leurs ancêtres, et les autres par le ridicule travestissement du nom de leurs pères.

Plus loin encore :

Et vous m'aiderez résolûment à rappeler à ceux qui l'oublieraient, ce qu'ils doivent au gouvernement du pays.....

Puis :

J'ai le sentiment intime de remplir un devoir, d'accomplir une haute mission, en faisant comprendre à quelques-uns qu'il faut renoncer à des prétentions surannées..... dont, à défaut des leçons incomprises de la science et de l'histoire, le bon sens suffit à faire justice..... et que le patriotisme d'accord en cela, avec l'intérêt de leur avenir, leur commande, s'ils ne veulent être abandonnés. sur la route du progrès, comme inutiles on gênants, de marcher franchement à la tête de leur génération qui n'a ni le loisir ni la volonté de les attendre.

Il était essentiel de rappeler ces paroles aux esprits chagrins qui en avaient perdu le souvenir, jusqu'à ne pas craindre de froisser d'un suspicion injuste le grand cœur, le sincère républicain qui les avait prononcées.

Faut-il citer encore ces paroles de véritable fraternité dites du haut de la tribune parlementaire par le ministre Boulanger, lors de l'interpellation sur la grève de Decazeville :

Peut-être qu'en ce moment..... un sapeur de génie est en train de partager fraternellement sa gamelle avec un mineur ?

Préparation au césarisme ! vont s'écrier tous les sectaires et tous les doctrinaires de nos petites églises pseudo-républicaines.

O bonne foi ! Es-tu donc disparue de la surface de la terre ? Et, selon une expression historique, sera-t-il nécessaire aux républicains pour te retrouver d'aller te quérir dans le cœur des rois ?

III

Le commandant du 13e corps. — Duel raté

Le général Boulanger a pour successeur au ministère le général Ferron, et il a été nommé au commandement du 13e corps d'armée.

C'est alors que son supplice commence. — L'honorable M. Laguerre va nous le narrer du haut de la tribune parlementaire.

Arrivons à son duel raté avec M. J. Ferry, qui est, en grande partie, la cause des évènements honteux qui se produisent aujourd'hui.

Chacun se rappelle que dans un discours public, M. J. Ferry avait invectivé le général Boulanger, *de fort loin*, en désignant le commandant du 13e corps d'armée sous la dénomination de : « Saint-Arnaud de café-concert » par allusion à la grande popularité qui avait suivi le général après sa sortie du ministère.

Afin de ne pas être taxé de partialité, nous allons citer l'article d'un journal, *ami de M. J. Ferry*, au sujet de la clôture étrange donnée par ce dernier à cet incident.

Le journal l'*Echo de Paris* du 4 août 1887 publiait l'article suivant :

LE DUEL FERRY-BOULANGER

DÉTAILS COMPLETS

Nous avons publié hier le procès-verbal signé par les témoins du général Boulanger. Voici la lettre que les amis de M. J. Ferry lui ont adressée :

Paris, 2 août 1887.

Mon cher ami,

Après la visite que vous avez reçue à Saint-Dié de M. le général Favérot de Kerbrech et de M. le comte Dillon, agissant au nom de M. le général Boulanger, vous nous avez informés que vous étiez prêt à une rencontre avec M. le général Boulanger, et vous nous avez donné vos pleins pouvoirs pour régler les conditions de cette rencontre.

Les témoins de M. le général Boulanger nous ont annoncé que leur client, auquel appartenait le choix de l'arme en sa qualité d'offensé, avait choisi le pistolet de tir, rayé, à double détente et à charge normale.

Nous avons accepté.

Les témoins de M. le général Boulanger ont ajouté que le règlement des conditions du combat leur appartenant comme représentants de l'offensé, ils nous faisaient connaître les conditions qu'ils avaient arrêtées.

Première épreuve. — Echange d'une balle. Tir au visé à vingt-cinq pas avec faculté pour chacun des adversaires de faire cinq pas en avant.

Deuxième épreuve. — En cas de non réussite, échange d'une balle. Tir au commandement, à quinze pas de distance. Les armes chargées par un armurier. La direction du combat réservée au premier témoin de M. le général Boulanger.

Nous nous sommes refusés à admettre que le règlement des conditions du combat pût appartenir aux seuls témoins de l'offensé, et nous avons proposé d'adopter les conditions qui ont été stipulées dans le duel récent de M. le général Boulanger et de M. de Lareinty, par MM. le général Frébault, le général Lecointe, le général Espivent de la Villeboisnet et Hervé de Saisy.

Les témoins de M. le général Boulanger ont refusé ces conditions et, persistant à revendiquer le droit de régler les conditions du combat, ils nous ont fait connaître qu'ils demandaient, à défaut de leurs premières conditions, un échange de balles à vingt-cinq pas jusqu'à ce qu'un des adversaires soit touché, ou l'échange d'une balle à vingt pas, au visé.

Nous nous sommes séparés hier soir sur un dissentiment qui repose en même temps sur une question de principe et sur le refus des témoins de M. le général Boulanger d'admettre les conditions d'un combat récemment réglé par des hommes dont le nom fait autorité.

Ce matin, à onze heures, au rendez-vous pris chez M. le comte Dillon, M. le général Faverot de Kerbreck nous a donné lecture d'un procès-verbal qui maintient la prétention, à notre avis inadmissible, de réserver aux seuls témoins de l'offensé le règlement des conditions du combat.

Nous devons donc considérer comme terminée la mission dont vous nous avez chargé nous vous adressons, mon cher ami, l'expression de notre cordiale symphatie.

Antonin PROUST.David RAYNAL.

Nous estimons que les témoins de part et d'autre ont fait preuve d'une rare inexpérience.

Les témoins de M. Boulanger, particulièrement, ont proposé des conditions inacceptables au point de vue des traditions et des usages.

Le duel au pistolet comporte des règles dont on n'a pas le droit de s'écarter.

Jamais, jamais, à moins d'une épouse enlevée, d'une jeune fille déshonorée, d'une mère outragée, d'une voie de fait, on ne vous place à la distance de vingt pas au visé et avec le pistolet de tir rayé.

L'auteur de ces réflexions oublie une des principales règles du duel qui est celle-ci :

Toute injure à distance, *alors que l'insulté ne peut répondre*, est considérée comme aussi grave qu'une voie de fait.

Or, la voie de fait met celui qui l'a commise à l'entière disposition de celui qui l'a subie, c'est à dire donne à ce dernier le choix des armes et le droit de dicter les conditions du combat — *cela est absolu.*

C'était ici le cas ; et, le refus de M. J. Ferry et de ses témoins, l'abritant derrière un malheureux subterfuge, a été jugé par tout le monde pour ce qu'il est et pour ce qu'il vaut.

Voici quelles en furent les conséquences.

IV

La sottise

Le 15 mars dernier, le général Boulanger recevait dans son courrier du matin une dépêche ministérielle qui le relevait de son commandement, sans avertissement préalable, et le mettait en non activité par retrait d'emploi, sous le prétexte futile développé dans le rapport qu'on lira plus loin — les faits d'ailleurs vont parler d'eux-mêmes.

Le général Boulanger adresse à M. Laguerre la dépêche suivante :

Clermond-Ferrand, 15 mars, midi.

Je ne connais pas trop le texte du rapport officiel me concernant, mais je puis dire dès aujourd'hui que si j'ai été à Paris c'est pour voir ma femme, fort malade et alitée.

Le ministre, qui connaissait le motif de ma demande, m'ayant refusé la permission, alors que les autres commandants de corps viennent constamment à Paris, sans autorisation, le pays ne se trompera pas et comprendra qu'on me frappe non pour avoir été à Paris, mais simplement en raison des résultats des élections du 26 février, et alors qu'on n'a pu trouver dans les élections aucune ingérence de ma part.

Général BOULANGER.

Le rapport désigné dans la dépêche était celui-ci : il parut à l'*Officiel* du 15 mars 1888.

RAPPORT AU PRÉSIDENT DE LA RÉPUBLIQUE FRANÇAISE

Le *Journal officiel* publie le document suivant :

Paris, le 14 mars 1888.

Monsieur le Président,

J'ai l'honneur de porter à votre connaissance que dans le courant de février dernier M. le général Boulanger, commandant le 13º corps d'armée, étant venu à Paris sans autorisation, je l'invitais, aussitôt que ce fait parvint à ma connaissance, par lettre du 19 du même mois, à rejoindre immédiatement son poste à Clermont-Ferrand.

Le lendemain 20, je confirmais à cet officier général, par lettre adressée à Clermont-Ferrand, l'ordre que je lui avais donné la veille et je lui rappelais que « les commandants de corps d'armée, ne peuvent quitter le territoire de leur commandement sans une autorisation ministérielle.

Le 25 février, M. le général Boulanger m'écrivit pour me demander l'autorisation de se rendre à Paris, pendant quatre jours. Je lui répondis le 27 que sa présence à Paris à ce moment pouvant donner lieu à des commentaires fâcheux, je ne pouvais lui accorder la permission qu'il me demandait.

Je rappellerai qu'à cette époque la candidature de M. le général Boulanger ayant été présentée dans plusieurs départements, je l'avais invité, par lettre du 22, à me faire connaître si c'était avec son assentiment que son nom était mis en avant pour un siège à la Chambre des députés ; le 23, M. le général Boulanger m'avait répondu qu'il était complètement étranger à ce qui se passait relativement à l'élection législative du dimanche suivant.

En réponse à une nouvelle demande que m'adressait M. le général Boulanger, le 28 février, par télégramme, pour obtenir l'autorisation de venir à Paris, je lui confirmais les termes de ma lettre du 27, en ajoutant que les raisons qui m'avaient obligé à lui refuser la permission demandée n'avaient rien perdu de leur valeur.

Malgré ces ordres formels, M. le général Boulanger est venu trois fois à Paris : le 24 février, le 2 et le 10 mars ; ces deux dernières fois *sous un déguisement (portant des lunettes foncées et affectant de boîter)*.

Le 12, au matin, je recevais de M. le général Boulanger une lettre, qu'il datait du 9, de Clermont-Ferrand, mais qui ne partait de cette localité que le 11, et par laquelle il me demandait une permission pour se rendre à Paris.

De l'ensemble de ces faits, il résulte que M. le général Boulanger est venu trois fois à Paris sans autorisation et après avoir reçu l'ordre formel de ne pas quitter son poste.

Ces manquements à la discipline sont d'autant plus graves qu'ils émanent d'un officier général, dont la mission est de faire respecter les réglements dans l'étendue du haut commandement qui lui est confié.

M. le général Boulanger ayant déjà été l'objet au mois d'octobre dernier, pour faute contre la discipline, d'une mesure rigoureuse qui semble être restée sans effet, j'ai l'honneur de vous proposer de placer cet officier général dans la position de non-activité par retrait d'emploi.

Si vous approuvez ces conclusions, j'ai l'honneur de vous prier de vouloir bien revêtir le présent rapport de votre haute approbation.

Veuillez agréer, monsieur le président, l'assurance de mon respectueux dévouement.

Le ministre de la guerre,

Général LOGEROT

Approuvé :

Le président de la République,

CARNOT.

Le journal *la France* publiait le même jour les détails suivants :

Nous nous sommes rendus ce matin chez M. Laguerre, ami personnel du général Boulanger. L'éloquent député du Vaucluse s'est montré absolument indigné de la mesure qui a été prise contre le commandant du 13ᵉ corps.

M. Laguerre nous a, à ce propos, montré une lettre que le général Boulanger lui a écrite le 3 mars.

Nous avons demandé au député de Vaucluse la permission de publier cette lettre. Il nous l'a refusée d'abord, mais il a enfin cédé devant cet argument que cette lettre était l'absolue justification du soldat dont on veut briser l'épée.

13ᵉ CORPS D'ARMÉE   **Personnelle**

CABINET

DU

Général commandant

Clermont-Ferrand, le 3 mars 1888.

Mon bien cher ami,

Je réponds de suite à votre lettre d'hier.

Vous me connaissez assez pour savoir que, si je n'ai pas désavoué d'une façon plus nette et plus formelle ce qui s'est fait pour les élections du 26 février, si je me suis contenté de dire que j'y étais absolument étranger, ce qui est la pure vérité, c'est que je ne pouvais pas me douter de l'importance qu'aurait cette manifestation sur mon nom.

Vous me connaissez également assez pour savoir que jamais, pour quoi que ce soit et à quelque époque que ce soit, je ne ferai d'alliance avec les ennemis de la République.

Il me semble que, pendant mon séjour au ministère, j'ai saisi toutes les occasions de fixer la Chambre à cet égard.

Je ne m'explique donc pas du tout l'émoi causé par les résultats du 26 février, et je crois que ce sont tout simplement les idées patriotiques qui se sont affirmées sur mon nom.

Mais je suis parfaitement de votre avis, de celui de Laisant et de Le Hérissé, et je comprends qu'il faut maintenant mettre un terme à tout cela. Aussi, dès ce matin, et avant votre lettre reçue, j'ai écrit au ministre en lui disant nettement que je désire rester soldat et qu'il me serait très pénible de voir des suffrages s'égarer encore sur mon nom. Je lui demande donc de publier ma lettre, surtout après des démarches faites auprès de moi en vue des élections du mois présent.

Je pense qu'il le fera.

Je vous prie de garder cette lettre pour vous, pour Laisant et Le Hérissé.

Le ministre pourrait être froissé de savoir que l'on connaît le fait avant qu'il ait pris sa décision.

Je pense qu'il me sera permis d'aller bientôt à Paris, et je ne manquerai pas d'aller vous serrer la main et causer avec vous. À bientôt donc, mon cher ami, et une bien cordiale et bien affectueuse poignée de mains.

Général Boulanger.

Cette lettre est écrite toute entière de la main du général Boulanger.

Nous nous sommes également rendus chez M. Lockroy.

L'honorable député de la Seine a été, comme tout le monde, vivement surpris de la grave et subite décision prise par le cabinet.

M. Lockroy est d'avis que le gouvernement a commis une faute énorme, dont toutes les conséquences ne sauraient être entrevues.

Le cabinet s'est vengé, a dit M. Lockroy, de son échec d'hier à la Chambre. Se sentant perdu, il n'a rien trouvé de mieux que de faire signer ce décret à M. Carnot.

Il a cru, de cette façon, se faire une majorité à la Chambre.

En agissant ainsi, il compte durer jusqu'aux vacances de Pâques et user du spectre-Boulanger pour conserver le pouvoir.

Nous nous sommes rendus ce matin à l'hôtel du Louvre afin de vérifier s'il était exact, comme l'annonçaient plusieurs journaux, que le général Boulanger était arrivé ce matin à Paris.

Nous avons été reçu par les deux charmantes filles du général.

— À deux reprises différentes, m'a-t-il été dit, le général a demandé au ministre l'autorisation de venir à Paris, afin de voir notre mère souffrante depuis un mois. On lui a refusé cette autorisation.

— Avez-vous lu le *Journal officiel* ce matin, mademoiselle ?

— Non. Et pourquoi cela ?

— Il y est question du général Boulanger.

— Comment cela ?

— On a pris une mesure de rigueur à son égard. On l'a relevé de son commandement.

— Comment ! on l'a relevé de son commandement ?

Et les deux jeunes filles paraissent très surprises de la nouvelle que nous avions l'honneur de leur apprendre les premiers.

Elles ont paru très affectées de la mesure qu'on prenait à l'égard de leur père.

Nous citons tout ce qui précède, parce qu'il nous paraît que ces impressions de la première heure, avant que la réflexion ne soit venue les modifier, *sont bonnes à enregistrer et à conserver.*

L'émotion fut vive à Paris et dans toute la France, et les protestations ne se firent pas longtemps attendre.

Dès le lendemain, le journal *la France* publiait avec *l'Intransigeant* l'article ci-après :

ILLÉGALITÉ

Un ancien officier communique à *l'Intransigeant* les très justes observations que voici :

Le rapport du ministre de la guerre dans l'affaire Boulanger est entaché d'illégalité pour les raisons suivantes :

1° Les fautes contre la discipline militaire doivent être constatées offtciellement par les chefs hiérarchiques du délinquant pour pouvoir justifier l'application de peines disciplinaires relatives. Or, ici n'est pas le cas ; et le ministre de la guerre, pour frapper le commandant du 13ᵉ corps d'armée, s'est simplement appuyé sur un rapport de police ;

2° Il n'existe pas, dans les règlements militaires, d'article qui place les militaires, à quelque degré de la hiérarchie qu'ils appartiennent, sous la surveillance et le contrôle de la police : pas plus qu'il n'existe de prescription autorisant les chefs hiérarchiques militaires à faire appel aux lumières et aux ressources de cette honorable institution pour constater les fautes contre la discipline commises par leurs subordonnés ;

3° Si le ministre de la guerre, en raison des apparences plus ou moins fondées d'une situation exceptionnelle, s'est cru autorisé à user, jusqu'à l'abus, d'un pouvoir discrétionnaire inconnu jusqu'ici, il avait comme devoir étroit (la présence irrégulière du général Boulanger lui étant signalée par n'importe quelle voie) l'obligation de faire quérir cet officier général par un officier de son cabinet, afin de constater légalement la faute commise contre la discipline et en justifier la répression. Cela n'a pas été fait et il n'y a, comme nous l'avons dit plus haut, que des rapports de police, non contrôlés, pour justifier l'application d'une mesure grave, d'une sévérité excessive, devenue, pour ces motifs, illégale au point de vue militaire ;

4° L'aveu même du général ne saurait aujourd'hui lui donner une sanction, cet aveu arrivant après coup. — Or le général nie l'exactitude des rapports de police. Un conflit de cette nature ne peut subsister.

On aurait pu ajouter que l'intervention du Conseil d'Etat est devenue indispensable, afin d'épargner à l'armée française une confusion de pouvoirs qui ne serait pas à son honneur.

Au lieu de suivre cette voie, qui selon nous était la vraie, et était peut-être la bonne, les amis du général, pressés par le temps formèrent immédiatement un comité de protestation et firent appel au grand Maître de ce pays.

Le Suffrage Universel

COMITÉ RÉPUBLICAIN DE PROTESTATION NATIONALE

Le général Boulanger vient d'être l'objet d'une mesure inqualifiable, dès à présent condamnée par tous les patriotes.

Le général Boulanger veut rester ce qu'il est : un soldat républicain. Il n'a pas à s'occuper de politique. Il est inéligible.

Mais ses amis, mais les hommes résolus à ne pas abandonner la cause de la patrie ont le droit et le devoir d'affirmer sur son nom le sentiment national.

Un comité se constitue dans ce but, sous le titre de « Comité républicain de protestation nationale.

Il patronera dans les élections partielles la candidature du général Boulanger, non pour le faire entrer à la Chambre, mais à titre de protestation contre un gouvernement qui n'est pas inspiré par le sentiment de la patrie.

Une fois cette protestation faite dans chaque département, les électeurs choisiront leur mandataire définitif, leur représentant républicain.

Dès à présent, nous proposons la candidature du général Boulanger aux électeurs des Bouches-du-Rhône et de l'Aisne.

Le Comité républicain de protestation nationale est et restera à leur disposition pour les aider dans toute la mesure de ses forces.

> BORIE, BRUGEILLES, CHEVILLON, DE SUSINI, DUGUYOT, députés ; PAUL DÉROULÈDE ; LAUR, LAISANT. LAGUERRE, LE HÉRISSÉ, députés; LALOU (*France*); E. MAYER (*Lanterne*); MICHELIN, député ; ROCHEFORT (*Intransigeant*; VERGOIN, député.

Trésorier : M. Duguyot, à la *France*, 142, rue Montmartre.

Secrétaire : MM. de Susini et Eug. Mayer, à la *Lanterne*, 18, rue Richer, où devront être adressées toutes les communications.

Les souscriptions sont reçues à l'*Intransigeant*, à la *France*, à la *Lanterne* et centralisées entre les mains du trésorier.

Dans la dépêche adressée de Clermont-Ferrand à son ami Laguerre, le général Boulanger déclarait ceci :

Je puis dire dès aujourd'hui que, si j'ai été à Paris, « c'est pour voir ma femme, fort malade et alitée ».

Quelques journaux opportunistes et réactionnaires — c'est tout un — s'étant permis de contester cette affirmation, nous nous bornerons, pour répondre à leurs insinuations calomnieuses, à publier le certificat médical suivant, délivré par le docteur Carpentier-Méricourt :

« Je soussigné, docteur en médecine de la Faculté de Paris, déclare donner mes soins à Mme la générale Boulanger depuis le 24 février.

« Mme Boulanger était à peu près guérie d'une amygdalite double, lorsqu'elle a été atteinte d'un rhumatisme articulaire aigu, qui exige impérieusement le repos au lit.

Paris, 16 mars 1888.

Dr E. Carpentier-Méricourt fils.
6, rue Villedo.

L'émotion se manifestait aussi en province ; exemple :

Dans l'Aude

On écrivit de Carcassonne, 16 mars :

Citoyen rédacteur,

Sous le coup de l'indignation que nous cause la mesure odieuse qui vient d'être prise par le gouvernement à l'égard du général Boulanger, nous venons vous offrir de poser la candidature de l'ex-commandant du 13e corps d'armée pour l'élection législative qui doit avoir lieu dans notre département le 8 avril prochain.

Pour le Groupe du Travail :

Le président,	Le secrétaire,
Ferdinand Laouet.	Pierre Decrat.

(Suivent de nombreuses signatures.)

Dans la Dordogne

Vergt (Dordogne), le 15 mars, 8 h. soir.

Monsieur le rédacteur,

. . . .
. . . .

J'apprends à l'instant la mise en non activité, par retrait d'emploi, du général Boulanger.

A la suite du ministère Goblet, M. Francis Laur, député de la Loire, écrivit spontanément au général Boulanger, lui offrant de démissionner immédiatement pour lui permettre d'entrer au Parlement. Le général répondit par une lettre pleine de sens patriotique et d'abnégation, disant qu'il voulait se consacrer uniquement à la défense de son pays. Il avait raison. Mais aujourd'hui la situation est changée, puisque le général est, de fait, exclu de l'armée.

Ma candidature, que l'on voulait poser au dernier moment, je la retire. Je me désiste en faveur du général Boulanger.

Georges Buisson
Publiciste.

Tableau plus triste :

EN ALSACE-LORRAINE

GRANDE JOIE DES ALLEMANDS

Un Alsacien-Lorrain, habitant Strasbourg, a adressé de Belfort, à la *France*, la dépêche suivante, qui donne une petite idée du découragement que la nouvelle de la mesure inique prise contre le général Boulanger a semé dans nos malheureuses provinces annexées :

Belfort, 16 mars.

Décidément, nous nous apercevons de plus en plus que le gouvernement de la République française nous abandonne. Comment ! voilà un général français qui a su rendre courage à l'armée, qui a réchauffé le cœur des Alsaciens restés sous le joug allemand, et non content de l'avoir chassé du ministère de la guerre, on lui enlève le commandement qu'il avait pour le renvoyer comme un simple officier chargé de dettes ou ayant passé devant un conseil d'enquête !

Mais on ne sait donc pas qu'en Alsace il suffit du nom du général Boulanger pour que les traîneurs de sabre allemands entrent dans une colère terrible ! C'est le cauchemar des autorités militaires allemandes, parce qu'elles savent que cet officier général est décidé, si la guerre éclatait et qu'il fût chargé du commandement suprême, à tout faire pour empêcher la mobilisation allemande, quitte à prendre les mesures les plus rigoureuses.

Il est inutile que nous continuions à payer des amendes fabuleuses pour nos fils se sauvant en France et ne voulant pas être incorporés dans l'armée allemande ! Nous ne pouvons plus parler français dans les rues, on enlève les enseignes françaises, on change tous les noms de rues ; on vient faire des visites domiciliaires pour voir si nous n'avons pas des emblèmes français dans nos demeures. Nous supportons tout cela, et voilà comme on nous encourage !

Pour comble de tristesse, nous avons entendu dans un café, à Strasbourg, hier, aussitôt la révocation du général Boulanger connue, des officiers allemands s'écrier tout haut : « *Leur fameux général Boulanger ? eh bien ! lui qui devait prendre l'Alsace et la Lorraine, on l'envoie prendre sa retraite !* » Et comme ils s'esclaffaient après avoir prononcé ces paroles qui leur semblaient spirituelles ! Croyez-vous que pour entendre cela il ne faut pas avoir de patience ? Croyez-vous que le spectacle donné en ces derniers temps nous réjouisse ? Il s'en faut de beaucoup. Pendant ce temps, les Allemands nous absorbent et, dans quelque temps, il n'y aura plus qu'un territoire allemand peuplé d'Allemands.

A moins, pour en finir une bonne fois, qu'un intelligent ministre français monte à une tribune parlementaire ou profite d'un voyage quelconque pour déclarer solennellement que la France renonce à tout jamais à s'occuper des provinces perdues. Alors, étant fixés, et voyant que la quantité de sang qui coulait dans les veines des Français a sensiblement diminué, nous nous arrangerons dans nos cantons à améliorer notre situation, et cela ne sera pas difficile ; nous n'avons qu'à être polis avec nos oppresseurs ou quelque peu affables, et nous obtiendrons en échange des faveurs dont nous n'avons pas voulu jusqu'à présent. Mais qu'on en finisse. La position n'est plus tenable.

Cela n'a pas besoin de commentaires.

Le général arrivait à Paris le 16 mars et répondant aux questions des amis qui étaient allés au devant de lui jusqu'à Moret, il s'exprimait ainsi :

Il m'est impossible de répondre bien exactement à tout ce qui m'est reproché.

Remarquez que je n'ai pu lire encore les journaux et que je suis peu au courant de tout ce bruit.

Je n'ai eu connaissance des accusations formulées contre moi que par la notification du décret qui me place en non activité par retrait d'emploi.

D'après ce que je peux connaître du rapport, je trouve singulier le motif de la peine disciplinaire qui me frappe.

Oui, je suis venu à Paris, cela est vrai, mais je n'ai fait ce voyage sans autorisation qu'après avoir supplié le ministre de m'accorder un congé de deux jours pour venir voir ma femme malade.

Mme Boulanger est, en effet, très souffrante et alitée, et je produirai, s'il le faut, tous les certificats médicaux qui me seront demandés.

Je trouve que la peine dont je suis frappé est excessive et hors de toute proportion avec l'infraction qu'on me reproche.

Quant à l'allégation qui tend à me rendre ridicule en me faisant venir à Paris boîtant et caché par des lunettes vertes, elle est absolument fausse, je l'affirme.

C'est sur quelque rapport de policiers de quatrième ordre que l'on condamne un commandant de corps d'armée : le gouvernement doit pourtant savoir ce que valent les renseignements qui lui sont fournis, d'après la valeur des gens qu'il emploie.

Ainsi, sous le ministère Ferron, mon valet de chambre fut un jour pris à part par un individu qui lui offrit 150 francs par mois pour rapporter à la police mes faits et gestes.

Ce brave garçon vint me trouver et me raconta les tentatives dont il était l'objet. Je l'engageai vivement à accepter les 150 francs par mois que la sûreté de l'Etat voulait bien lui octroyer, et je le conservai, préférant connaître celui qui jouissait de la confiance du ministre de l'intérieur.

A défaut de mon valet de chambre il se serait certainement contenté de mon cuisinier.

Eh ! il y a quatre jours, on a fait à un autre de mes domestiques, de nouvelles propositions !

Voilà sur quelles sortes de preuves j'ai été condamné.

On faisait, de plus, les réflexions suivantes qui produisirent une profonde impression dans les masses :

BILLOT et BOULANGER

C'est hier 15 mars, que le général Boulanger a été mis en non activité : le général Boulanger, républicain, avait expulsé les princes d'Orléans de l'armée

C'est hier 15 mars, que M. le général Billot, commandant du 1er corps, est parti pour Berlin, chargé de la mission très honorifique de représenter la France aux obsèques de l'empereur Guillaume.

Le général Billot, orléaniste, avait donné sa démission de ministre de la guerre *pour ne pas expulser les princes d'Orléans.*

Et cela se passe en République.

Tout commentaire est superflu.

Il y a quinze jours, à une soirée donnée par Mme Adam, se pavanaient cinq commandants de corps d'armée.

Avaient-ils demandé au ministre l'autorisation de venir à Paris ?

Nullement.

Ont-ils seulement reçu une réprimande ?

Nullement.

Ces commandants de corps d'armée ne s'appelaient pas Boulanger, ils n'avaient pas osé expulser les princes d'Orléans.

On rappelait encore qu'à l'époque où le général Boulanger, ministre de la guerre, mettait tous ses soins à organiser et fortifier notre armée et notre armement, et lors de la discussion de la loi organique militaire, il prononça la parole suivante qu'il est bon de rappeler :

« Si je poussais à la guerre, je serais un fou. Si je ne m'y préparais pas, je serais un misérable. »

On préparait cette réponse à ceux de ses détracteurs, qui, demain, ne manqueront pas de nous le présenter comme un provocateur prêt à toutes les tentatives belliqueuses.

M. Vacher, député de la Corrèze, envoyait son adhésion au Comité républicain de protestation nationale et proclamait que les populations honnêtes et républicaines de son département, ennemies de toute dictature, porteraient le général Boulanger en tête de toutes leurs listes aux élections municipales de mai, pour protester contre cette mesure inique due à la faiblesse du Gouvernement et aux rancunes de la faction oportuniste.

Le Comité républicain de protestation nationale lançait de son côté le programme suivant :

ÉLECTION LÉGISLATIVE DU 25 MARS 1888

AISNE ET BOUCHES-DU-RHONE

COMITÉ RÉPUBLICAIN DE PROTESTATION NATIONALE

Electeurs,

A l'intérieur, le Gouvernement a montré toute son impuissance.

A l'extérieur, il a montré toute sa platitude.

Le Parlement, dirigé par des ministres sans énergie patriotique, n'a fait aboutir aucune réforme républicaine.

L'égalité devant le service militaire, après quatre législatures, est encore un vain mot.

La mesure violente et anti-nationale qui frappe le général Boulanger, vous permet de protester contre cette politique néfaste.

La France réprouve *toutes les dictatures*.

Il ne s'agit pas de porter un homme au pouvoir, mais bien d'affirmer, sur le nom d'un soldat républicain et patriote, *l'existence même de la Nation*.

Le nom du général Boulanger signifie :

Libertés publiques ;

Réformes démocratiques à l'intérieur ;

Dignité à l'extérieur.

Quand il était ministre, le général Boulanger a dit : *Si je poussais à la guerre, je serais un fou ; si je ne m'y préparais pas, je serais un misérable.* Il a traduit ainsi la pensée de tous les Français.

Electeurs,

Dimanche prochain, vous êtes appelés à manifester vos volontés.

Vous affirmerez vos sentiments de patriotes en votant pour le

Général BOULANGER

Le général Boulanger prit alors congé de son corps d'armée par l'ordre du jour ci-après, dont le laconisme était à la hauteur des circonstances :

Par décret présidentiel en date du 14 mars, je suis placé en non-activité. Je remercie les officiers, sous-officiers et soldats du concours qu'ils m'ont donné pendant tout le temps que j'ai commandé le 13ᵉ corps.

Général BOULANGER.

La presse se partageait naturellement selon ses appétits, ses coteries et ses aptitudes.

Il y eut de déplorables défections.

Une partie fit semblant de croire à une dictature militaire possible. Nous traiterons ce sujet dans le chapitre suivant.

Le maintien de la discipline, qui ne courait aucun risque, fut le *dada* enfourché par les indécis, par ceux qui voulaient ménager la chèvre et le chou, et ne pas voir la véritable cause du conflit, par les envieux qui n'osaient avouer leur envie, par la misérable clique des reptiliens salariés, ennemis par nature de toute règle et de tout droit.

Le trouble, le désarroi étaient enfin dans tous les esprits et ce qui augmentait encore cette déroute morale, c'est que beaucoup de journaux et de membres du Parlement ne se rendaient pas un compte exact de la disproportion grotesque, si elle n'eût été odieuse, existant entre les futilités reprochées au général et la sévérité inouïe de la mesure dont il était frappé.

Pour ceux qui voyaient juste, c'était une sottise doublée d'une criante injustice, consacrée par un rapport de commande qui a immortalisé son auteur, rapport que M. Paul de Cassagnac, du haut de la tribune parlementaire a si cruellement et si justement exécuté au grand dépit et à la profonde honte des républicains véritablement dévoyés.

V

Anachronisme

Comme si tout devait se liguer contre le cher général qui n'en pouvait mais, la scission se mit parmi les radicaux sur la question soulevée sur son nom ; et ce ne fut pas l'étape la moins douloureuse de son calvaire.

Un comité de protestation signa le manifeste suivant qui constitue une véritable équivoque, ainsi que les évènements ne tarderont pas à le démontrer.

Voici le texte que M. Sigismond Lacroix avait préparé avec plusieurs de ses collègues et qu'un certain nombre de membres de l'extrême-gauche ont signé :

Les députés, soussignés, membres de l'extrême-gauche, protestent contre la manifestation électorale proposée sur le nom du général Boulanger.

Dévoués à deux pensées : refaire la patrie, fonder la République sur des réformes démocratiques :

Décidés à continuer sans défaillance la lutte contre des résistances qui énervent les esprits et irritent l'opinion ;

Nous pressons les électeurs de corriger leur œuvre : nous demandons des mandats précis, des hommes plus résolus.

Nous nous conformons ainsi au principe fondamental de la République : l'obéissance à la volonté de la nation, assurée par ses délégués.

Les suffrages portés sur un général qui refuse de déposer l'épée constitueraient un véritable plébiscite. Avec les républicains de tous les temps, nous détestons le plébiscite : c'est l'abdication d'un peuple libre.

La Révolution a fondé nos libertés et sauvé notre territoire, en obligeant les soldats les plus glorieux, au lendemain de victoires immortelles, à se courber devant les lois. En ce temps-là, les généraux se taisaient.

L'intrusion des chefs militaires dans la politique n'est pas seulement une menace pour les institutions d'un pays libre ; elle désarme encore, en les divisant, nos forces devant l'étranger. Elle a toujours eu la suppression de nos droits pour résultat et la défaite pour châtiment.

En conséquence, nous adjurons tous les bons citoyens de se refuser à une manifestation dangereuse, au nom des traditions et des principes de la démocratie, dans l'intérêt de la République et de la Patrie.

Ont signé : MM. Achard (Seine), Barodet (Seine), Berger (Nièvre), Bourneville (Seine), Brialou (Seine), Brelay (Seine), Calvinhac (Haute-Garonne), Clémenceau (Var), Cousset (Creuse), Dreyfus (Seine), Ducoudray (Nièvre), Dutailly (Haute-Marne), Frébault (Seine), Gaillard (Vaucluse), Guyot Yves (Seine), Hubbard (Seine-et-Oise).

Labordère (Seine), Lacôte (Creuse), De Lacretelle (Saône-et-Loire), Sigismond Lacroix (Seine), Lafont (Seine), Anatole de la Forge, Lamazière (Haute-Vienne), De Lanessan (Seine), Lasbaysses (Ariège), Lefèvre Ernest (Seine), Leydet (Bouches-du-Rhône).

Magnin (Saône-et-Loire), Maillard (Seine), Maret Henry (Seine), Mathé (Allier), Mathé (Seine), Maurel (Var), Ménard-Dorian (Hérault), Mesureur (Seine), Michel A. (Vaucluse), Millerand (Seine).

Pajot (Cher), Pelletan Camille (Bouches-du-Rhône), Périllier (Seine-et-Oise), Perin G. (Haute-Vienne), Peytral (Bouches-du-Rhône), Pichon (Seine) Preveraud (Allier), Pressat (Haute-Vienne).

Ranson (Haute-Vienne), Tony Révillon (Seine), Roret (Haute-Marne).

Saint-Ferréol (Haute-Loire), Simyan (Saône-et-Loire).

Wickersheimer (Aude).

MM. BARRE (Seine-et-Oise), CLAUZEL (Ardèche), DETHOU (Yonne), FAURE Fernand (Gironde), GALTIER (Hérault), GUILLAUMOU (Gironde), LAFFON René (Yonne), MADIER-MONTJAU (Drôme), PONS-TANDE (Ariège), RASPAIL Benjamin (Seine), RASPAIL Camille (Var), RICHARD (Deux-Sèvres), RIGAUT Eugène (Aisne), DETHOU (Yonne), CLAUZEL A. (Ardèche).

Toutes ces protestations s'appuyaient sur la crainte chimérique d'une dictature militaire possible.

Dans un excellent article, publié par la *France* du 21 mars, sous la rubrique : *Les 54*, M. Louis Liévin a démontré toute l'inanité de ce document qui, selon une des plus justes expressions du rédacteur de la *France, foudroyait ce qui n'existait pas.*

Il n'y a jamais eu et il n'y a pas de plébiscite sur le nom du général Boulanger.

Le groupe socialiste de la Chambre crut devoir aussi protester de la manière suivante :

Les députés soussignés, membres du groupe socialiste, déclarent qu'il leur paraît profondément regrettable que le bruit fait autour du nom d'un soldat vienne augmenter encore les divisions du parti républicain ;

Convaincus que le triomphe d'un homme serait le recul de l'idée socialiste, ils protestent contre toute manœuvre plébiscitaire, de quelque côté qu'elle vienne, et affirment qu'un gouvernement résolument réformateur pourra seul mettre fin à cette agitation.

Ont signé : MM. Planteau (Haute-Vienne), Simyan (Saône-et-Loire), Camélinat (Seine) Franconi (Sénégal), Basly (Seine), Millerand (Seine), Prudon (Saône-et-Loire), Calvinhac (Haute-Garonne), Brialou (Seine), Daumas (Var), Saint-Ferréol (Haute-Loire).

MM. Antide Boyer et Clovis Hugues, députés des Bouches-du-Rhône, étant absents, n'ont pas pu signer.

Ces craintes étaient-elles bien sincères et ne se manifestaient-elles pas plutôt pour la galerie que pour soulager des consciences timorées ?...

Nous l'ignorons, la suite des évènements nous l'apprendra.

Le Gouvernement était heureux de ces dissensions qu'il encourageait, elles lui préparaient une absolution dont il avait grand besoin, sorte de victoire à le Pyrrhus dont il ne se relèverait pas. Le général Boulanger, par son entrain, par ses discours, par son activité, par son énergie, par les espérances qu'il faisait naître pour la grandeur du pays et la réparation du *passé*, s'était acquis une immense popularité, moins factice qu'il n'a été dit à la Chambre ; cette popularité qu'il était difficile de mesurer exactement, n'était pas sans porter ombrage à plusieurs personnages marquants du Parlement et au Sénat tout entier ; nous en trouvons la trace dans les discours qui amenèrent la chute du ministère Goblet dont le général Boulanger faisait partie ; car, pour tout le monde, c'était véritablement le général qui était visé dans la personne de M. Dauphin.

Voici la preuve de ce commencement de malveillance :

DISCOURS DE M. CLÉMENCEAU

Extrait de « l'Officiel » du 11 Juillet 1887

Voilà comment j'explique cette popularité (la popularité du général Boulanger).

Cette popularité, c'est la nôtre, c'est celle que nous aurions dû avoir, que le Parlement républicain a toujours refusée depuis que nous sommes maîtres des pouvoirs publics. (Applaudissements à l'extrême-gauche.)

On nous l'a volée cette popularité ! (Nouveaux applaudissements sur les mêmes bancs. — Interruptions à droite.)

M. Gaillard (Vaucluse). — Faites des réformes et vous aurez cette popularité.

M. Clémenceau. — Oui, vous avez raison.

C'est la popularité qui attend ceux qui agiront dans le sens des aspirations du pays.

Dam ! on criait partout : vive Boulanger, et l'on ne criait plus : vive Clémenceau.

Le général, travaillant sincèrement pour le bien du pays, avait trop oublié que les jeunes démocraties sont susceptibles et jalouses, qu'il n'y a rien de nouveau sous le soleil et que l'ostracisme d'Aristide ne date pas d'hier.

Quant à nous, nous allons démontrer péremptoirement que la crainte d'une dictature militaire, n'a plus aucune base judicieuse et raisonnable. Nous avons reçu, à ce sujet, les observations suivantes émanant d'un vieil officier républicain :

J'ai lu hier dans la *Justice* un article de M. Millerand, député, qui fait miroiter le spectre d'une dictature militaire *boulangiste*, pour me servir du mot à la mode.

Enfant de l'armée, dans laquelle j'ai passé toute une longue carrière, je me permets de dire, avec quelque autorité, à M. Millerand et à la petite secte doctrinaire dont il fait partie, que sa crainte et celle de ses co-sectaires, de la possibilité d'une dictature quelconque, d'une dictature militaire, veux-je dire, est, à l'époque à laquelle nous vivons, *un véritable anachronisme*.

Bonaparte a pu faire jadis le 18 brumaire avec une armée que l'éclat de sa gloire avait fanatisée.

Louis-Bonaparte a pu faire le 2 décembre avec une armée devenue prétorienne, grâce à la loi de recrutement de 1832, dont le résultat était de donner à l'armée un effectif composé en grande partie de remplaçants payés, de *vendus*, comme on disait alors, et pour le reste de la partie la plus déshéritée du contingent. Pendant les sept années de séjour sous les drapeaux, il était facile de transformer cette armée en une armée de janissaires et de mercenaires propres à toutes les besognes. Puis, il suffisait de s'assurer des chefs, par sympathie ou par corruption, pour que le crime violent ou sanglant soit accompli.

Aujourd'hui, l'armée française, quoi qu'on ait pu faire, est devenue une armée foncièrement démocratique, nationale, dont la mission, pour me servir d'une expression du général Boulanger, est devenue *une mission bien haute depuis qu'elle est le partage de tous*. Toute l'armée est fixée sur les véritables limites du dogme de l'obéissance passive ; chacun sait qu'il est strictement limité par la maxime, *bien connue* (recommandée à l'obéissance de tous), *pour le bien du service et l'exécution des règlements militaires*. Il en résulte que le supérieur qui ordonnerait aujourd'hui à son subordonné de passer son sabre au travers du ventre d'un passant déplaisant ne serait pas obéi.

Les amis de M. Millerand, et M. Millerand lui-même peuvent se rassurer, aucun coup de force n'est possible dorénavant avec une armée nationale, et le serait encore moins avec l'armée que le général Boulanger voulait former.

Nous n'avons pas la prétention de faire un cours d'art et d'histoire militaire, nous tenons seulement à leur rappeler :

1º Que les armées des coups d'Etat sont forcément des armées monarchiques, c'est-à-dire composées en grande partie de mercenaires ignorant la qualité de citoyen.

2º Que les armées démocratiques c'est-à-dire nationales composées, comme la nôtre, de toutes les classes, tenant à toutes les fibres de la nation, ne peuvent appartenir qu'à un gouvernement libre ; que, de plus, sous la république que nous possédons, si mal administrée qu'elle puisse être, rêver ou craindre une dictature militaire quand les quatre cinquièmes des effectifs se trouvent constamment dans leurs foyers ; c'est, comme nous l'avons dit plus haut, commettre *un véritable anachronisme.*

Un vieil officier républicain.

VI

Le débat devant la Chambre des Députés
Equivoque. — Duplicité

Nous avons rassemblé tous les documents pouvant dissiper les nuages amoncelés sur les évènements et sur leur véritable caractère ; afin qu'aucun doute ne subsiste encore sur cette triste affaire, nous allons publier *in extenso*, d'après le *Journal officiel*, la discussion qui eut lieu le 20 mars à la Chambre des députés, en ce qu'elle intéresse notre démonstration.

DISCUSSION D'UNE INTERPELLATION

M. le président. — L'ordre du jour appelle la discussion de l'interpellation de M. Paul de Cassagnac sur les raisons qui ont déterminé le Gouvernement à mettre M. le général Boulanger en non-activité.

La parole est à M. Paul de Cassagnac.

M. Paul de Cassagnac. — Ce n'est pas sans peine, messieurs, c'est même avec une parfaite mauvaise grâce — vous avez pu vous en rendre compte à la fin de la séance d'hier — que le Gouvernement a fini par accepter cette interpellation, dont pourtant il aurait dû me remercier et m'être reconnaissant.

. . . .

Messieurs, je dois le dire au début de ce débat, je ne suis pas suspect d'un enthousiasme exagéré à l'endroit du général Boulanger. *Il en est parmi vous qui doivent se souvenir qu'à l'époque où M. le général Boulanger était ministre,* était même la pierre angulaire de différents cabinets, à l'époque où M. le général Boulanger *était l'objet de la part de vous tous radicaux et modérés d'un engouement singulier, inouï.* (Protestations à gauche — Oui ! oui ! à droite.)

. . . .

. . . .

Néanmoins, je pourrai rappeler qu'à l'extrême-gauche, l'un de vos chefs, que je ne nommerai pas, qui se nommera lui-même, dont j'espère l'intervention à cette tribune, viendra, tout à l'heure, nous dire pourquoi, au nom de vous tous ou au nom d'à peu près tous, ici, on a, à différents cabinets, à différents ministères, imposé absolument — c'était le prix de votre concours — M. le général Boulanger, et pourquoi, à l'heure qu'il est, il est lamentablement abandonné par les mêmes hommes ? (Très bien ! très bien ! à droite.)

Vous viendrez nous le dire ; cela est nécessaire, indispensable pour l'intérêt de cette discussion.

Eh bien ! messieurs, à l'époque où M. le général Boulanger était l'objet d'un engouement presque général, d'un enthousiasme complet, — et la règle était absolue, puisque je ne viens d'entendre qu'une voix pour protester...

A gauche. — Il y en a d'autres !

. . . .

M. Paul de Cassagnac. — L'excitation chauvine dont M. Boulanger était alors l'instigateur ou tout au moins la cause, s'est calmée depuis.

Il s'est produit en Allemagne un grand changement : un règne nouveau commence. (Interruptions à gauche), qui peut être et qui doit être, nous l'espérons, une ère de paix et d'apaisement. (Très bien ! très bien ! à droite.)

D'un autre côté, les patriotes, qui étaient allés trop loin, ou plutôt ceux qui faisaient partie de ce qu'on appelle la Ligue des patriotes — qu'il ne faut pas confondre avec tous les autres, avec tous les Français, qui le sont au même titre, avec tous ceux qui estiment que le patriotisme le plus ardent se doit à lui-même de s'entourer de calme et de sang-froid, — cette Ligue des patriotes est rentrée dans l'ordre, dans le calme.... (Très bien ! très bien ! à droite), à tel point que la question de M. le général Boulanger — et c'est ce que je voulais établir — n'est qu'une simple question politique, que nous pouvons traiter et discuter sans l'ombre d'un inconvénient pour notre politique étrangère. (Très bien ! très bien ! à droite.)

Pourtant, j'aurais le droit de faire une réflexion philosophique sur l'instabilité des opinions politiques dans cette Assemblée. (Interruptions à gauche.)

Messieurs, je suis ici pour cela ; si vous voulez prendre ma place, je vous la céderai : elle n'est pas toujours commode à occuper. (Rires à droite.)

Je me rappelle l'époque où, étant à peu près le seul à attaquer M. le général Boulanger et à prévoir les difficultés qu'il pouvait nous amener, on allait jusqu'à me reprocher, dans tout le parti républicain, de manquer de patriotisme. (C'est vrai ! très bien ! à droite.) Où en sommes-nous arrivés après quelques mois à peine ? Permettez-moi à cet égard une simple réflexion, que je fais en passant.

Dans un journal, le *Borsen Zeitung* de Berlin (*Gazette de la Bourse*), qui passe pour l'organe attitré du grand chancelier de l'Allemagne... (Interruptions à gauche).

On ne peut donc plus lire un journal dans cette enceinte ! J'ai fait observer au début de cette discussion que je ne montais pas à cette tribune pour vous être agréable. (Très bien ! à droite.) Je vous demande de me laisser continuer ; vous me répondrez ensuite. La seule chose que je puisse exiger de vos sentiments républicains, c'est la liberté de la tribune. (Parlez ! parlez !)

. . . .

. . . .

Je lisais dans ce journal allemand :

« Peut-être le Gouvernement français a-t-il voulu répondre aux manifestations pacifiques de l'empereur Frédéric par un pas décisif en faveur de la paix, en éloignant l'intrigant général ; mais, dans ce cas, il doit aller jusqu'au bout. »

Ainsi, le Gouvernement l'entend, l'ordre est formel, et M. le président du conseil n'a plus qu'à l'exécuter. (Vives exclamations sur un grand nombre de bancs.)

M. Tirard, *président du conseil, se levant et s'avançant vivement dans l'hémicycle.* Vous n'avez pas le droit d'insulter le Gouvernement ! (Applaudissements répétés sur un grand nombre de bancs à gauche et au centre.)

Pardon M. Tirard ! Dans six jours vous aurez donné la preuve de cette obéissance qui vous révolte tant aujourd'hui.

M. Paul de Cassagnac. — Donc, vous avez mis le général Boulanger en non-activité.

Je ne vous en blâme pas. A votre place, j'aurais fait comme vous ; seulement j'aurais fait autrement.

Vous avez annoncé une nouvelle mesure de rigueur ; ce matin, avec une curiosité bien excusable, j'ai ouvert le *Journal officiel :* il est muet, je n'y ai rien trouvé. Par conséquent, je n'ai pas à m'occuper de cette nouvelle mesure ; on l'examinera quand vous l'aurez prise ; en ce moment, elle ne m'appartient pas, elle n'appartient à personne.

Je suis naturellement obligé de me cantonner dans le terrain que j'ai choisi hier et de le limiter à la mise en non-activité du général Boulanger.

. . . .

. . . .

Messieurs, la mise en non-activité de M. le général Boulanger, je vous l'ai dit, ne saurait comporter de notre part d'autre reproche que celui qui vise la forme dans laquelle cette mesure a été édictée.

Des raisons ont été données par un rapport officiel que vous connaissez ; elles nous ont paru insuffisantes : il m'a semblé que le Gouvernement n'avait pas motivé cette grave mesure d'une manière complète. *Les raisons qui ont été données sont pitoyables, absolument indignes d'un gouvernement qui se respecte.*

Ces raisons sont basées sur quoi ? *Sur des rapports de police ! Même le bruit courait que le Gouvernement était résolu à aller plus loin dans cette misérable voie policière et viendrait apporter ici des dépêches confisquées, des correspondances prises en route.*

Cela peut être son droit, si la Chambre s'y associe. Mais je crois que ce ne serait pas le fait d'un gouvernement de loyauté et de probité... (Approbation à droite.)

M. Laguerre. — *Ce qui n'est pas loyal, c'est d'en parler dans les couloirs à tout le monde. Il faudra qu'il s'explique là-dessus.* (Bruit.)

M. le président. — Je vous en prie, monsieur Laguerre, veuillez ne pas intervenir en ce moment.

M. Paul de Cassagnac. — Venir soudoyer les domestiques d'un général de division commandant d'un corps d'armée, faire filer par des espions, par des mouchards, ses amis et lui-même, l'enlever à son commandement sans qu'il ait été consulté, sans qu'il ait pu se défendre... (Exclamations sur divers bancs.)

Si vous aviez attendu la fin de ma phrase, messieurs, vous auriez peut-être compris, et j'ai l'habitude d'être clair, quelquefois trop ! (Très bien ! très bien ! à droite.)

...avoir révoqué le général Boulanger sans l'avoir consulté sur le rapport de police qui a été fait, rapport de police dans lequel on vient raconter une histoire ridicule qui est démontrée être une fable, un récit imaginaire ; montrer le général Boulanger avec des lunettes bleues, avec une barbe noire, affectant une claudication quelconque pour entrer à Paris ; *c'est pitoyable, c'est odieux !*

Je dis que frapper un général de division commandant de corps d'armée, sans l'avoir mis en situation de pouvoir se défendre, se justifier, s'expliquer, *c'est atteindre l'armée tout entière, qui se trouve ainsi atteinte dans la personne du général Boulanger, car à l'heure qu'il est, n'importe quel officier est à la merci, non pas d'une enquête militaire sérieusement faite, mais d'un rapport de police inexact et mensonger.* (Mouvements divers. — Approbation à droite.)

Voilà ce dont je me plains, et, je le répète, si vous étiez un gouvernement sérieux, un gouvernement ayant du prestige, ayant de l'autorité sur l'opinion, au lieu d'être ce que vous êtes, un ministère de résignation qui se traîne depuis trois à quatre mois sur ces bancs sans pouvoir se lever ni se relever que dans de courts moments de fureur, comme tout à l'heure, et retombant aussitôt après ; si vous étiez un gouvernement respectable et respecté...

M. le président du conseil. — Je vais être obligé de quitter la salle des séances, monsieur le président, si l'on doit continuer à m'insulter ainsi. (Très bien ! très bien ! à gauche.)

Du calme ! M. Tirard, il n'y a rien là que de très exact que vous avez maintes fois justifié et que vous justifierez encore.

M. Paul de Cassagnac. — . . . .
. . . .
Et la popularité de M. le général Boulanger n'est pas autre chose que le résultat de votre prodigieuse impopularité ! (Exclamations à gauche.)

Ce n'est pas moi qui ai trouvé cela le premier : M. Clémenceau m'a précédé dans cette explication. L'année dernière, le 11 juillet 1887, M. Clémenceau vous disait à cette tribune, parlant de la popularité du général Boulanger : « Voilà comment j'explique cette popularité : Cette popularité, c'est la nôtre, c'est celle que nous aurions dû avoir, que le Parlement républicain a toujours refusée depuis que nous sommes maîtres des pouvoirs publics. On nous l'a volée, cette popularité ! »

Oui, on vous l'a volée ! et c'est peut-être pour cela que vous voulez faire arrêter celui qui l'a volée pour la lui reprendre? (Applaudissements et rires à droite.) Seulement, ce sont de ces choses qu'on ne restitue pas; on vous la prend votre popularité, et quand vous voulez remettre la main dessus, elle est envolée, évanouie! (Très bien! à droite.)

. . . .

. . . .

C'est vous qui avez voulu faire de l'armée une armée républicaine, et non pas une armée purement française, ce qu'elle doit être. (Applaudissements à droite.)

Ce que je ne saurais admettre, c'est qu'à aucune époque l'armée soit royale, impériale ou républicaine; je n'admets, je ne reconnais, je ne salue que l'armée nationale dans l'armée française. (Nouveaux applaudissements à droite.)

. . . .

. . . .

. . . .

M. le président. — La parole est à M. le président du conseil.

M. Tirard, *président du conseil, ministre des finances.* — Messieurs, je n'ai nullement l'espoir de donner dans ma réponse la moindre satisfaction à l'orateur qui descend de cette tribune. Il a des procédés de discussion qui n'ont jamais été, qui ne seront jamais les miens... (Très bien! très bien! à gauche et au centre.)

M. Paul de Cassagnac. — *Je ne fais pas du doublé* moi! (Vives exclamations à gauche, et cris : A l'ordre!)

M. le président. — Monsieur de Cassagnac, je vous rappellerais à l'ordre, si toutes les répressions n'étaient pas au-dessous des paroles que vous vous permettez ici et des personnalités que vous ne cessez de prodiguer à vos collègues. (Applaudissements à gauche et au centre).

M. Paul de Cassagnac. — Est-ce que je n'a pas été interrompu?

M. le président du conseil. — Je n'ai pas une particule devant mon nom. (Très bien! très bien! à gauche.) Je suis le fils de mes œuvres, je n'en rougis pas et je souhaite à M. de Cassagnac de porter son nom avec autant d'honneur que je porte le mien. (Double salve d'applaudissements au centre et à gauche.)

Pardon! encore une fois M. Tirard, nous ignorons quelles grandes œuvres vous avez pu accomplir jadis, nous savons seulement qu'aujourd'hui vous allez accomplir de basses œuvres, que demain vous en accomplirez de plus basses encore, et que vous allez prouver impudemment à tous, qu'hier ou aujourd'hui, en loyauté gouvernementale, en finances ou en politique, vous travaillez toujours dans le *faux.*

M. le président du conseil. — Messieurs, je vous demande la permission d'entrer immédiatement dans l'examen de la question qui m'a été posée, et dont il me semble que M. de Cassagnac s'est singulièrement écarté. (Marques d'assentiment au centre.)

« Le Gouvernement, Messieurs, a été appelé à prendre une décision dont il ne s'est pas dissimulé la gravité; je vous assure que ce n'est pas de gaieté de cœur que M. le ministre de la guerre et tous les membres du Gouvernement ont résolu de prendre la mesure de rigueur qui a frappé le commandant du 13° corps. Il a fallu des considérations d'un ordre supérieur; il a fallu que M. le ministre de la guerre, qui est le gardien de la discipline et de l'obéissance dans l'armée, fût bien convaincu que M. le général Boulanger avait gravement enfreint les règlements militaires, gravement manqué à la discipline et à l'obéissance, pour qu'il l'ait frappé aussi durement qu'il l'a fait. (Très bien! très bien!)

Il est nécessaire, Messieurs, pour se rendre compte de la situation dans laquelle M. le ministre de la guerre et le Gouvernement se sont trouvés, de rappeler les faits qui se sont passés, et il n'est même pas inutile d'indiquer que M. le général Boulanger a peut-être, depuis quelques années, dans sa carrière militaire, accepté un peu facilement toutes les manifestations bruyantes qui se sont produites autour de son nom (Très bien! très bien! à gauche); qu'il a pris une attitude qui n'a pas été toujours celle qu'on est en droit d'attendre d'un commandant de corps d'armée.

Des élections allaient avoir lieu; le nom de M. le général Boulanger était mis en avant; sa candidature était illégale, absolument illégale. Les journaux en font grand bruit; on en parle à Paris, en province; un journal nouveau est fondé; on distribue des prospectus à foison; sur ces prospectus figure le portrait du général Boulanger. (Interruptions diverses sur quelques bancs.)

Je vous demande pardon, Messieurs (Oui! oui! très bien! à gauche); et, au-dessous du titre de cette publication, figurent, en sous-titre, ces mots : « Journal boulangiste ».

Le général Boulanger ne donne pas signe de vie; ce que tout le monde sait, il paraît l'ignorer; il ne proteste ni contre l'abus scandaleux qu'on fait de son nom ni contre la candidature illégale qu'on prépare pour lui.

M. le ministre de la guerre lui écrit alors, et M. le général Boulanger répond immédiatement qu'il est absolument étranger à cette candidature. A ce moment, M. le général Boulanger était à Paris sans autorisation; M. le ministre de la guerre lui donne l'ordre de se rendre à son poste, et il lui rappelle qu'il ne peut le quitter sans une autorisation formelle.

Quelques jours après, M. le général Boulanger demande à venir à Paris: M. le ministre de la guerre lui répond aussitôt qu'il ne peut lui accorder cette autorisation, attendu que, dans les circonstances, sa présence à Paris pourrait donner lieu à des commentaires fâcheux.

Quelques jours après, même demande, et même réponse pour les mêmes motifs. Troisième demande : même réponse, toujours pour les mêmes motifs. Et, cependant, par trois fois, au mépris des ordres formels qui lui étaient donnés, malgré les refus très nets qui lui étaient opposés, M. le général Boulanger est venu à Paris.

Et, ici, je touche à un point délicat, mais je suis obligé de le rappeler, car figure dans le rapport adressé par M. le ministre de la guerre à M. le Pré-

sident de la République, — M. le général Boulanger avait si bien conscience
de sa faute qu'il prenait des précautions pour n'être pas reconnu.

L'honorable M. Paul Cassagnac a dit, tout à l'heure, que le Gouvernement
avait pris ses éléments d'informations dans je ne sais quel rapport de police;
qu'on avait mis à la suite du général Boulanger des agents spécialement
chargés de le surveiller; qu'on avait des renseignements dont on n'osait
pas indiquer la source. *M. Paul de Cassagnac se trompe; les informations
du Gouvernement consistent purement et simplement dans le rapport du commissaire spécial des chemins de fer.* (Interruptions à droite.)

Une simple question :

Le général Logerot, ministre de la guerre, qui aurait dû soutenir la
discussion, aurait-il avoué cet inqualifiable usage de la police ?

M. le Provost de Launay. — Il est bon de savoir que c'est à cela qu'ils
servent.

M. le président du conseil. — Ce sont ces rapports, je l'affirme, qui ont
été mis par M. le ministre de l intérieur sous les yeux de M. le ministre de
la guerre. M. le général Boulanger n'a pas nié, ses amis ne l'ont pas nié
non plus.

M. Laguerre. — Le déguisement est une fable : vous le savez, Monsieur
le président du conseil.

M. le président du conseil. — Je vous demande pardon, Monsieur Laguerre!

M. Laguerre. — C'est une fable!

M. le président du conseil. — Le rapport du commissaire spécial est
formel; il dit en toutes lettres — il n'y est pas question de fausse barbe, de
toutes ces histoires dont a parlé l'honorable M. Paul de Cassagnac — le rapport dit tout simplement que M. le général Boulanger portait un lorgnon
dont les verres étaient fumés — ce sont les termes dont s'est servi le commissaire spécial — et qu'il affectait une légère claudication. (Interruptions.)

M. Labordère. — *Un rapport n'est pas un procès-verbal; il ne fait pas foi.*

M. le président du conseil. — Du reste, Messieurs, ce récit a été con-
firmé par diverses personnes qui ont également reconnu M. le général Boulanger.

M. le ministre de la guerre a vu, dans ces infractions à la discipline, dans
cette désobéissance réitérée, se produisant dans les conditions que j'ai rap-
pelées tout à l'heure, au moment où le nom de M. le général Boulanger était
dans toutes les bouches, dans tous les journaux, au moment où sa candidature était illégalement posée, au moment où l'on faisait le singulier abus de
son nom dont je parlais, — M. le ministre de la guerre, dis-je, a vu dans ces
faits des actes graves, suffisants pour motiver la mesure qu'il a prise et que

toute l'armée, je dois le dire, a approuvée. (Très bien! très bien! et applaudissements à gauche.)

M. le général Boulanger ne peut pas se plaindre de cette mesure, ou s'il peut s'en plaindre, il ne peut pas la critiquer, car, dans une circonstance semblable, ou du moins qui a quelque analogie, il n'a pas hésité à frapper d'une peine disciplinaire égale, un chef de corps de l'armée française.

Vous vous trompez volontairement, M. Tirard et vous voulez tromper la Chambre : « La mise en disponibilité est simplement la privation d'un com-« mandement, c'est une mesure relativement légère, la position de disponibi-« lité étant la situation normale des officiers généraux non encore pourvus « de commandement, mais jouissant des droits et prérogatives inhérents à « leur grade.

« La mise en non activité par retrait d'emploi, au contraire, tout en reti-« rant le commandement, c'est-à-dire l'emploi, enlève à l'officier la presque « totalité des prérogatives et des droits affectés à son grade, c'est la peine « disciplinaire la plus grave avant la mise à la retraite d'office ou la mise en « réforme, c'est-à-dire avant *l'expulsion. La situation de non activité par re-« trait d'emploi entraîne l'expulsion après trois ans si la mesure n'est pas rap-« portée*]*auparavant.* »

Vous commettez donc volontairement une odieuse équivoque, M. Tirard ; car, si la Chambre, que, nous le répétons, vous voulez tromper, ignore en partie ces détails techniques, vous ne les ignorez pas, vous, autrement, que viendrez vous faire à cette tribune ?

M. Laguerre. — *M. le général Schmitz n'a pas été mis en retrait d'emploi, il a été purement et simplement relevé de son commandement.*

M. le président du conseil. — M. le]ministre de la guerre a pensé, et le Gouvernement a pensé avec lui, qu'il était absolument indispensable de faire un exemple, de faire comprendre à M. le général Boulanger que la loi militaire est faite pour lui aussi bien que pour les autres. (Très bien! très bien! et applaudissements sur les mêmes bancs.)

Le Gouvernement a pensé qu'il était nécessaire de rétablir l'ordre. Il s'est demandé ce qu'il adviendrait de notre armée, si tous les chefs de corps avaient ce même esprit d'indépendance et d'indiscipline. Nous avons assurément à la tête de notre armée des généraux qui ont derrière eux un passé au moins aussi glorieux que celui de M. le général Boulanger (Applaudissements à gauche), eh bien! qu'adviendrait-il de notre armée, de ce rempart de la patrie... (Rumeurs sur quelques bancs. — Très bien! très bien! à gauche)... oui, Messieurs, qu'adviendrait-il de notre armée si chaque chef de corps avait **ce** même esprit d'indépendance, d'indiscipline, si chacun d'eux avait autour de son nom cette clientèle tapageuse? (Applaudissements à gauche.)

M. le président du conseil. — M. le ministre de la guerre a pris cette mesure dans l'intérêt de l'armée elle-même.

Maintenant M. le général Boulanger, comme j'avais l'honneur de le dire hier, a aggravé ses torts.

Lorsqu'il a appris la décision qui le frappait, au lieu de rester à son poste et d'attendre, comme c'était son devoir, son remplaçant, il est venu à Paris. Il s'est immédiatement mis en rapport dans des conciliabules avec des amis qui lui préparent une nouvelle candidature. La preuve en est dans les récits faits par des témoins que je suppose être des témoins oculaires, *récits que nous avons lus dans les journaux*, qui n'ont été l'objet d'aucun démenti.

M. Boulanger a écrit une lettre qui a été rendue publique et dans laquelle je lis :

« Clermont-Ferrand, 15 mars, midi.

« Je ne connais pas trop le texte du rapport officiel me concernant, mais je puis dire dès aujourd'hui que, si j'ai été à Paris, c'est pour voir ma femme, fort malade et alitée.

» Le ministre, qui connaissait le motif de ma demande, m'ayant refusé la permission, alors que les autres commandants de corps viennent constamment à Paris sans autorisation, le pays ne se trompera pas et comprendra qu'on me frappe, non pas pour avoir été à Paris, mais simplement en raison des résultats des élections du 26 février et alors qu'on n'a pu trouver dans les élections aucune ingérence de ma part. »

M. le général Boulanger s'est fait ainsi juge de la détermination qu'a prise à son égard son chef hiérarchique, M. le ministre de la guerre. (Très bien! très bien! à gauche.)

Eh bien! Messieurs, voici comment s'exprimait à cette même tribune, dans la séance du 1er février 1886, alors qu'il répondait à une interpellation analogue à celle d'aujourd'hui, M. le général Boulanger, ministre de la guerre : « Messieurs, je remonte à la tribune pour répondre en deux mots aux paroles qui viennent d'être prononcées. M. Gaudin de Villaine vient de dire qu'il faisait l'armée juge de ce qui venait de se passer. Eh bien! tant que je serai son chef, l'armée n'aura pas à être juge, elle n'aura qu'à obéir. » (Très bien! très bien! et applaudissements.)

Messieurs, ce sont ces doctrines inflexibles que M. le ministre de la guerre entend appliquer à M. le général Boulanger, qui les a si laconiquement et si énergiquement exprimées à cette tribune. (Très bien! très bien! sur les mêmes bancs.)

M. le général Boulanger s'est mis en état, je ne dirai pas de rébellion, mais d'opposition manifeste à la décision prise par M. le ministre de la guerre. M. le ministre de la guerre, ne reculant pas devant son devoir, ne reculant pas devant la responsabilité qu'il a assumée devant le pays, a pris la résolution de déférer M. le général Boulanger au conseil d'enquête institué par la loi du 19 mai 1834. (Très bien! très bien! à gauche.)

Ceci, vous le comprenez, Messieurs, n'impose l'obligation de ne rien dire de plus (Très bien ! très bien ! à gauche et au centre), afin que la décision du conseil d'enquête ne puisse pas paraître avoir été influencée par un vote de la Chambre.

C'est cette considération qui, à défaut de toute autre, m'oblige à vous demander de voter l'ordre du jour pur et simple, sans aucune qualification. (Vifs applaudissements à gauche et au centre.)

Allons ! décidément votre ancienne profession a déteint complètement sur votre moral ! Toujours du *doublé*, M. Tirard, tout est faux dans ce que vous venez d'avancer, c'est un traquenard, un guet-à-pens, *du faux* enfin ! et tout à l'heure, par la bouche de M. Laguerre, le général Boulanger va vous appliquer sur les joues le double démenti que vous avez bien mérité. La discipline n'a rien à voir là-dedans, vous le savez mieux que personne, la suite le prouvera... *doublé* n'est-ce pas ?.. toujours *doublé*. Vous auriez dû, pour faire du *vrai* et non du *faux*, dire aussi que le général Boulanger ne pouvait ni parler ni écrire pour désavouer quoique ce soit sans autorisation ministérielle. Vous avez cherché un prétexte, M. Tirard, pour sauver votre piteuse fortune politique qui allait sombrer, voilà tout !...

M. Laguerre. — Je demande la parole.

M. le Président. — La parole est à M. Laguerre.

M. Laguerre. — Messieurs, je n'entends apporter à la tribune que de très courtes observations en réponse au discours de M. le Président du Conseil. Ceci, entre le Gouvernement et l'orateur qui monte à cette tribune, va être une question de bonne foi. (Murmures au centre et à gauche.)

Messieurs, laissez-moi expliquer ma pensée... (Parlez ! à l'extrême gauche.) Si je pensais que M. le général Boulanger n'a été frappé par M. le Ministre de la guerre que pour avoir eu le tort de venir à Paris, malgré la défense qui lui en a été faite, — tout en protestant contre la disproportion entre la faute et la punition, — je ne serais pas monté à la tribune, et le général se serait à coup sûr incliné devant la mesure qui a été prise. (Mouvements divers).

Mais, comme j'ai la conviction du contraire, comme j'en ai la preuve, j'ai l'impérieux devoir, — et je supplie la Chambre de m'entendre, car je viens défendre un homme qui est deux fois sacré à ses yeux, puisqu'il est accusé et qu'il est absent (exclamations), j'ai l'impérieux devoir de demander sérieusement à M. le Président du Conseil si c'est bien exclusivement pour le motif de venues illégales à Paris, entre le 24 février et le 10 mars, que M. le général Boulanger a été frappé. Il serait permis de faire observer que le motif allégué par lui est des plus respectables ; que, contrairement à ce qui a été dit et imprimé, M. le général Boulanger n'est venu à Paris que pour des motifs xclusivement privés (exclamations et rires) ; que, contrairement à ce que les ministres ont répété dans les couloirs, et à ce qu'on a imprimé dans les journaux officieux, il n'a vu aucun de ses amis touchant de près ou de loin au monde politique.

Il serait permis de faire observer encore que, quand M. le général Boulanger a été frappé par le précédent ministre de la guerre d'une peine de trente jours d'arrêts pour des interviews imprimés dans les journaux, l'ancien ministre, qui n'était pas suspect pour lui *d'une tendresse exagérée*, avait pris la précaution de lui télégraphier pour lui demander s'il était exact qu'il eût tenu le langage que lui avaient prêté les journaux. Tandis qu'aujourd'hui, mettant, ce qui n'est pas flatteur, l'assertion d'honorables journalistes au-dessous, des dénonciations de policiers, sur un simple rapport de police, qui a déshonoré la première page du *Journal officiel*, vous avez frappé, sans même le questionner, le commandant du 13e corps d'armée. (Interruptions au centre et à gauche).

Il serait enfin permis de remarquer que tous les commandants de corps viennent quotidiennement à Paris sans permission... (Mouvements divers).

Que c'est peut-être une chose fâcheuse, mais qu'il en est ainsi, et que la première mesure prise pour une absence illégale est bien sévère, quand on pense que c'est la mise en non-activité par retrait d'emploi, car M. le Président du Conseil s'est trompé tout à l'heure : jamais M. le général Schmitt n'a été mis en non activité par retrait d'emploi. Relisez le *Journal officiel* du mois de mars 1886, vous verrez qu'il a été purement et simplement remplacé dans le commandement du 9e corps d'armée à Tours.

M. Laguerre. — Je rappelle à la Chambre une journée à laquelle je voudrais bien qu'elle se reportât, la journée de jeudi dernier 15 mars, jour où le rapport a paru au *Journal officiel*. Quand les ministres sont arrivés à la Chambre, le lendemain d'un jour où ils avaient été battus, alors que leur existence ministérielle pouvait n'être plus que l'affaire de quelques heures (interruptions), la question de M. le général Boulanger leur a donné un passager surcroît de vie. Quel a été le langage du ministère et celui des journaux officieux, auxquels de soi-disant dépêches ont été communiquées ?

M. Sarrien, *ministre de l'Intérieur*. — Nous n'avons pas de journaux officieux et nous n'avons communiqué aucune dépêche.

M. Laguerre. — Je les ai lues dans des journaux qui passent pour recevoir les inspirations du Gouvernement.

M. le Ministre de l'Intérieur. — Tout ce que vous avez lu dans les journaux est absolument inexact.

Comment donc alors, M. Tirard, avez vous pu, il n'y a qu'un instant, invoquer des citations de journaux contre le général Boulanger et les présenter comme des preuves accablantes ?

Allons, « doublé perfectionné » sans contredit !

M. Laguerre. — En tous cas, un honorable ministre, parlant non pas seulement à moi, mais à une soixantaine de personnes, dans une des salles de nos couloirs, a tenu ce langage... (Interruptions. — Assez ! assez !)

M. Laguerre. — . . . . je n'apporte pas à la tribune des conversations de couloirs, j'apporte un fait public duquel tous les députés se sont entretenus, dont la presse n'a cessé de parler depuis huit jours, et sur lequel, à mon tour, j'ai le droit de demander des explications à M. le président du conseil.

M. le Président. — C'est votre droit.

M. Laguerre. — En tout cas, qu'ont dit les ministres pour justifier les mesures qui ont été prises? Qu'a-t-il été imprimé en leur nom? Qu'est-ce qu'on n'a cessé de répéter sous toutes les formes de la publicité? C'est que les mesures militaires n'étaient qu'une apparence et que derrière elles se cachaient des réalités politiques : que le général Boulanger avait des correspondants dans tous les camps, qu'il avait envoyé des dépêches chiffrées, qu'on les avait lues, qu'on les avait en main ; que, par ces dépêches secrètes, il donnait son adhésion aux candidatures contre lesquelles il protestait publiquement.

On citait, notamment, une dépêche ainsi conçue : « *Je vous désavoue, poursuivez votre campagne tout de même.* »

On a dit cela, on n'a cessé de le répéter. *Eh bien! je viens dire à M. le Président du Conseil : Ce que vous aviez fait imprimer, monsieur le ministre, est une inexactitude, une calomnie à l'adresse de M. le général Boulanger,* Vous ne pouvez rien relever contre son irréprochable conduite... (Exclamations et rires ironiques), sauf — et je m'en suis suffisamment expliqué au début de mes observations, — sauf ses venues illégales à Paris ; je l'ai dit en commençant, et j'ai affirmé que c'étaient des motifs purement privés qui en avaient été la cause, motifs profondément respectables, je vous l'assure.

Tout ce que vous avez dit — il faut que cela ressorte de ce débat — *les dépêches chiffrées, les accusations de complot contre la République et ses amis républicains, toute cette fantasmagorie, je défie qu'on l'apporte à la tribune ; car si on essayait de le faire, j'aurais des armes pour répondre. Sur ce point, autant d'affirmations, autant de mensonges : mais, comme mon affirmation est insuffisante,* comme tout à l'heure, lorsque je protestais contre l'invention du déguisement, on avait quelque raison de m'objecter que je n'avais pas qualité pour le faire, c'est M. le général Boulanger lui-même qui, par une lettre personnelle, par une lettre privée, dont je donne lecture sans son autorisation, sous ma responsabilité personnelle et sous ma responsabilité de député... (Mouvements divers. — Parlez ! parlez!) c'est lui qui va s'expliquer sur les accusations, les unes précises, les autres plus ou moins dissimulées, qui ont été portées contre lui :

« Paris, le 16 mars 1888.

« Mon cher ami,

« En présence de la mesure de rigueur qui me frappe, je viens, répondant à votre désir, vous donner des éclaircissements indispensables pour rétablir la vérité odieusement altérée. (Rumeurs sur divers bancs.)

« Je suis mis en non-activité, en apparence pour être venu à Paris sans autorisation ; personne ne s'y est mépris, ce n'est qu'un prétexte.

« En réalité, l'on me frappe à cause des élections partielles du 26 février. Et on ajoute à ce grief, dans les couloirs, des accusations de complot dont on prétend perfidement avoir des preuves que, du reste, on ne peut produire.

« On prétend, en outre, que je suis personnellement responsable de la création d'un nouveau journal s'intitulant organe boulangiste.

« On affirme enfin, et de toutes les accusations, c'est celle qui me va au cœur, que dans des dépêches secrètes, j'ai trahi à la fois la cause de la République et celle de mes amis républicains.

« Quant aux élections du 26 février, j'ai été, je suis demeuré étranger à tout ce qui s'est passé. Je l'ai dit au ministre de la guerre, je l'ai répété à mes amis républicains, je vous l'écrivais le 3 mars : Vous me connaissez assez pour savoir que jamais, pour quoi que ce soit, je ne ferai d'alliance avec les ennemis de la République.

« Tout le monde sait, du reste, que ce sont les idées patriotiques de la défense nationale qui se sont affirmées malgré moi sur mon nom.

M. Gillet. — Louis Bonaparte en disait autant.

Allez donc le dire au général Boulanger, M. Gillet, il saura quoi vous répondre et vous donnera satisfaction.

M. Laguerre. — « Je n'ai en rien participé, ni à la création du journal la *Cocarde*, ni à la rédaction de ce journal. Jamais je n'en ai inspiré un seul article ; aucun de mes amis n'a contribué à sa fondation, même par un concours financier ; autant d'affirmations intéressées à ce sujet, autant de mensonges.

« Je me considérerais comme le plus indigne des citoyens si j'avais songé à abandonner la cause de la République, et comme le plus lâche des hommes si j'avais jamais répudié les amitiés comme les vôtres et celles des hommes de cœur qui, se séparant de tant d'autres, me sont restés dévoués jusque dans les mauvais jours.

« Je n'insiste pas plus longtemps sur cette infamie. Vous me connaissez assez pour savoir combien il m'est pénible d'avoir à repousser une telle accusation.

« Je n'ai plus qu'un mot à ajouter, mon cher ami. Malgré les amertumes de l'heure présente, je reste aujourd'hui ce que j'étais hier : un républicain dévoué, un soldat discipliné (exclamations), par dessus tout un patriote.

« Recevez, mon cher ami, la plus cordiale des poignées de main.

« Signé : Général BOULANGER. »

Essuyez vos joues, M. Tirard!...

Eh bien! messieurs, maintenant que ce point est élucidé, je voudrais donner mon sentiment sur ce système qui consiste à porter de perfides accusations, à dire qu'on a des preuves plein les mains, qu'on a des dépêches des plus compromettantes pour un officier général, et si quelque curieux demande des détails et des explications, à répondre que la loi vous ferme la bouche, qu'elle vous permet bien de lire les dépêches, mais non de les divulguer. Je dis que ce système est intolérable et que la Chambre doit en faire justice.

S'il y a parmi vous un doute quelconque sur ces dépêches, la Chambre a un moyen à sa disposition : qu'elle ordonne une enquête, qu'elle se forme en comité secret et que, déliant les ministres du silence auquel ils croient que la loi les condamne, elle leur demande communication de ces correspondances. Jusque-là, je dirai que ce sont des accusations aussi calomnieuses que perfides, et il restera établi, si personne ne me répond, que dans ce débat public, personne n'a pu alléguer, en dehors des absences illégales, la moindre accusation contre l'attitude du général Boulanger. (Interruptions.)

Un membre au centre. — Cela suffit.

Sur divers bancs. — Il avait un chiffre !

M. Laguerre. — Il me semble entendre dire qu'il avait un chiffre, qu'il avait des lettres nombreuses cachetés d'une façon particulière. Est-ce que M. le Président du Conseil pense sérieusement ce qu'il a dit tout à l'heure à la tribune ? Et s'il est vrai — je n'en doute pas un instant — que ce soit par le rapport du commissaire spécial de police de la gare de Lyon, que le Gouvernement a été mis au courant des venues à Paris de M. le général Boulanger il ne faudrait pas nier que le général Boulanger n'a cessé, depuis qu'il a quitté le ministère de la guerre, d'être l'objet d'une odieuse surveillance policière ; que ses lettres ont été décachetées ; [que vous avouez vous-même, que vous ne pouvez pas nier que vous avez essayé de dérober son chiffre, et que vous connaissez ses dépêches.

M. Sarrien, *ministre de l'Intérieur.* — Tout ce que vous dites est absolument inexact! Depuis que je suis au ministère de l'intérieur, M. le général Boulanger n'a été, jusqu'au jour où sa candidature a été posée dans plusieurs départements, l'objet d'aucune surveillance.

M. Laisant. — Vous êtes dans l'erreur ! (Mouvements divers).

M. Laguerre. — Messieurs, il est exact, en effet que, depuis le ministère présidé par l'honorable M. Tirard, la surveillance exercée sur M. le général Boulanger s'est quelque peu relâchée ; mais l'ancien ministre de l'intérieur, M. Fallières, aujourd'hui garde des sceaux, que je vois au banc des ministres, en face de moi, serait, je l'affirme, — je ne lui pose pas de question, — dans l'impossibilité de faire la même loyale déclaration qui vient d'être formulée par M. Sarrien.

On a ouvert les lettres de M. le général Boulanger...

M. Maurice Rouvier. — Jamais ! Jamais on n'a ouvert les lettres de personne ! (Exclamations à droite.) J'affirme qu'on n'a jamais ouvert les lettres de personne !

M. Paul de Cassagnac. — Vous n'en savez rien, car vous n'avez jamais été le maître de vos employés !

M. Laguerre. — L'affirmation de l'ancien président du conseil, M. Rouvier, me fait sourire. (Rumeurs au centre). Ce n'est pas à moi qu'il faut faire de pareilles déclarations. Pendant les mois de juillet et d'août dernier, *j'ai vu des lettres de M. le général Boulanger qui avaient été décachetées* : j'ai vu la porte de l'hôtel du commandement du 13ᵉ corps surveillée, de l'intérieur d'un café borgne, par quatre ou cinq agents de police qui ne la perdaient pas de vue d'une minute. (Mouvements divers.)

M. Chantagrel. — En sortant de chez M. le général Boulanger, au mois d'octobre dernier, j'ai été suivi par un agent de police, Je l'affirme formellement. (Rires au centre et à droite.)

M. Borie. — M. Labrousse et moi nous avons été filés, sous le ministère Rouvier, par des agents de police, par le commissaire spécial de Poitiers, jusque dans la préfecture de la Corrèze ! (Nouveaux rires.)

M. Laguerre — Et enfin — M. le ministre de la guerre me démentira si le fait auquel je fais allusion n'est pas exact — lors des dernières séances de la commission de classement, il a bien voulu accorder une audience à M. le général Boulanger ; ce dernier, loyalement, lui a dit combien il était indigné de la présence constante, depuis six mois, de bas agents de police à ses trousses ; et alors M. le ministre de la guerre, ce qui l'honore grandement, lui a répondu que les mesures prises contre lui étaient inqualifiables et que cet espionnage cesserait. Le soir même, en effet, les agents qui, le matin, étaient devant l'hôtel du Louvre, avaient disparu. (Mouvements divers. — Bruit.)

Messieurs, je ne descendrai pas de la tribune avant d'y avoir dit tout ce que je crois avoir à dire.

M. Le Provost de Launay, — Il paraît que c'est M. Levaillant qui est le vrai ministre de l'intérieur !

M. Laguerre. — Mais, messieurs, les agents sont revenus… (On rit).

J'en ai pour preuve l'affirmation de M. le Ministre de l'intérieur, qui, se levant de sa place, vient de me dire que depuis les élections du 26 février, M. le général Boulanger était surveillé.

M. Sarrien, *ministre de l'intérieur.* — C'était mon devoir, je l'ai fait et j'en accepte toute la responsabilité ! (Très bien ! très bien !)

M. Pichon. — Mais on file le Ministre lui-même ; il est surveillé par des agents de police ! (Exclamations et rires).

M. Duguyot. — Voilà pourquoi je ne voterai jamais les fonds secrets !

M. Laguerre. — J'enregistre précieusement l'aveu de M. le Ministre de l'Intérieur, et je le charge de féliciter d'une façon toute particulière sa police sur les deux derniers coups qu'elle a tentés il y a huit jours : l'achat du domestique de M. le généra Boulanger… (Exclamations à gauche) et, avant-hier, tandis que le général était à Paris, la tentative faite pendant la nuit pour lui voler ses papiers restés à Clermont. (Bruits et interruptions,)

Au centre. — Aux voix !

Sur divers bancs. — Parlez ! parlez !

M. Laisant. — Attendez le silence !

M. le président. — Veuillez laisser parler l'orateur : vous savez bien qu'on ne peut pas interrompre son discours. Il répond à M. le ministre.

M. Laguerre. — Le gouvernement sait mieux que personne que M. le général Boulanger a été aussi étranger que possible à la manifestation qui s'est faite le 26 février sur son nom ; qu'il l'a désavouée...

M. Jumel. — Faiblement !

M. Laguerre.... qu'il n'y a été pour rien !

. . . .
. . . .

En tout cas, le langage que je tiens en ce moment, et que j'ai plus de mérite à tenir aujourd'hui que M. le général Boulanger est un vaincu, vous le teniez tous... (Applaudissements à droite), oui, vous le teniez tous quand M. le général Boulanger était ministre de la guerre. (Bruit et interruptions à gauche et au centre.)

A droite. — C'est très vrai !

Un membre au centre. — Aux voix *!*

M. Laguerre. — Vous aurez beau crier aux voix, cela ne me fera pas descendre de la tribune.

Je dis, messieurs, qu'après avoir affirmé une dernière fois — car il faut que cette affirmation soit très nettement établie — la non-participation de M. le général Boulanger aux élections du 26 février, sa non-participation à un journal qui n'a été créé que postérieurement aux élections et seulement au commencement de la semaine dernière, je dis que si vous croyez que telle est la vérité... (Dénégations au centre.) Si vous ne le croyez pas, messieurs, il faut que le Gouvernement fournisse les preuves qu'il a refusés jusqu'ici de donner par l'excellente raison qu'il n'a rien et ne peut rien avoir. (Bruit.)

J'ai le droit de demander à tous si la mesure qui a été prise contre l'ex-commandant du 13ᵉ corps n'est pas une mesure absolument injustifiée, une mesure qui n'est pas en rapport avec la faute commise, et qui a justement soulevé l'indignation de tous ceux qui se souviennent des services que M. le général Boulanger a rendu pendant dix-huit mois...

A gauche. — Lesquels ?

M. Laguerre.... à la cause de la défense nationale, à la cause de la patrie. (Interruptions à gauche.)

J'en prends à témoin l'honorable M. Clémenceau qui, résumant à merveille l'œuvre de M. le général Boulanger pendant son ministère, disait, dans son discours du 12 juillet dernier : « Il a réveillé le patriotisme, il a relevé le moral de l'armée. »

M. Clémenceau. — Je n'ai pas changé d'opinion.

M. Laguerre. — Je n'en doute pas. C'était bien là la caractéristique de l'œuvre de M. le général Boulanger. Il faut ajouter, et ce sera son grand honneur, que sans prendre toujours l'avis des comités qui devaient être consultés, il a pris, avec une décision admirable, les deux plus importantes mesures qui aient été adoptées depuis longtemps dans l'intérêt de la défense nationale.

Allez visiter les corps d'armée actuellement pourvus du nouveau petit fusil... (Exclamations à gauche), l'arme la plus redoutable dont soit munie à cette heure une armée européenne ; allez visiter, dans nos arsenaux, les obus à la mélinite ; voyez les résultats qu'ils produisent, et que quelqu'un se lève dans cette Chambre pour dire si ce n'est pas M. le général Boulanger qui seul, de son autorité de ministre de la guerre, contre l'avis du comité d'artillerie, a rendu à son pays cet admirable et inoubliable service... (Exclamations et bruit à gauche.)

M. Jumel. — C'est le comité technique qui a adopté le nouveau fusil.

M. Laguerre. — Vous savez bien que c'est une erreur.

Messieurs, il faut aussi se rappeler, et on aurait dû se le rappeler dès le premier jour, il va falloir se le rappeler la veille de la réunion du conseil d'enquête où l'on va essayer de briser l'épée de ce glorieux soldat... (Exclamations au centre.)

M. Labordère. — Oui, un vaillant soldat : il peut montrer de glorieuses blessures reçues sur le champ de bataille. Montrez les vôtres !

M. Laguerre.... de l'ancien ministre qui, quoi que vous disiez, quoi que vous fassiez, lorsque sonnera l'heure de l'inévitable bataille, sera le chef acclamé de l'armée française. (Exclamations sur divers bancs.)

Il va falloir se rappeler quel effroi s'attache à son nom de l'autre côté des Vosges (Oh ! oh !), que dans toutes les chaumières d'Alsace et de Lorraine son portrait est sur tous les murs, son nom dans tous les cœurs.

Aussi, messieurs, le soir de la réunion du conseil d'enquête, si, par impossible, elle lui était défavorable, on pourra, je l'affirme, pleurer à Metz et à Strasbourg et illuminer à Berlin. (Nouvelles exclamations.)

M. le comte de Maillé. — On ne devrait pas dire de pareilles choses à la tribune française.

M. Laguerre. — Messieurs, sa popularité était justifiée par les actes qu'il avait accompli, par les services rendus, par l'élan de confiance qu'il avait donné à l'armée. De cette popularité vous avez été jaloux, et, contre lui, sans qu'une faute puisse lui être reprochée, au ministère de la guerre on a commencé une conspiration dont on voit aboutir les dernières trames.

Je fus des radicaux assez naïfs, — j'en ai déjà fait mon *mea culpa*, je le fais aujourd'hui à la tribune, qui donnèrent dans le piège qu'on leur tendait lors de la campagne dirigée contre le ministère présidé avec tant de talent par l'honorable M. Goblet... (Rumeurs au centre. — Applaudissements à l'extrême-gauche.)

M. Laguerre.... et qui avait rendu les services que M. l'honorable M. de

Cassagnac attribuait, à tort, à d'autres qui s'en vantent bruyamment dans les journaux et dont l'honneur revient au président du conseil d'alors...

M. René Goblet. — Au conseil tout entier!

M. Laguerre. — Oui, au conseil tout entier qui, dans l'affaire Schnæbelé, a tenu si fièrement le drapeau de la France.

Oui, nous avions cru naïvement qu'il s'agissait d'une campagne d'économies, et comme on nous conviait à les voter, quelques-uns de mes amis et moi, nous conformant à nos programmes... (Mouvements divers), nous avons donné nos voix. Nous aurions dû mieux regarder ceux qui applaudissaient au centre de cette Chambre. Pour eux, les économies n'étaient qu'un prétexte ; en semblant viser M. le ministre Dauphin, ils voulaient atteindre, ils ont atteint M. le général Boulanger. Il est intéressant de rappeler que quelques-uns de ceux qui aujourd'hui sont ses plus passionnés adversaires, s'efforçaient à cette époque de le faire maintenir au ministère, mais que d'autres, ceux dont je dénonce les conspirations, n'ont eu qu'un but : renverser M. Goblet pour écarter le général Boulanger ; que M. Rouvier s'est trouvé seul pour accomplir cette triste besogne, et qu'il leur a dû l'honneur inespéré d'être premier ministre.

M. Maurice Rouvier. — Ce que vous appelez une triste besogne c'est mon honneur. (Applaudissements au centre.)

M. Laguerre. — Dès lors la campagne de la persécution n'a cessé de continuer contre celui qu'on venait d'écarter du ministère de la guerre, contre le vœu unanime du pays. (Dénégations sur divers bancs.)

Rappelez-vous, à cette date, les délibérations des conseils municipaux des villes que vous représentez, les pétitions, on peut le dire, de l'unanimité du parti républicain...

Plusieurs membres. Vous ne les auriez pas aujourd'hui !

M. Laguerre.... et, malgré les dénégations de M. Rouvier, le même homme auquel le Gouvernement venait de donner la plume blanche du commandant de corps, ce même homme, dans une campagne politique organisée par le Gouvernement, était quotidiennement insulté dans son honneur de soldat, et M. le ministre de la guerre lui fermait la bouche et ne lui permettait pas de répondre.

Le général était bafoué, calomnié, diffamé jusque dans les services qu'il avait rendus à la patrie, dans ses projets si utiles à la défense militaire, dans ses intentions, dans ses actes ; et on murmurait comme avant-hier dans les couloirs de cette Chambre, employant le même système de perfidie et de calomnie ! on murmurait qu'il n'avait peut-être pas rendu un compte suffisant des fonds du trésor de guerre ; qu'il y avait dans les fonds secrets du ministère de la guerre d'étranges disparitions, et vous savez bien qu'à la moindre menace d'apporter à cette tribune des preuves éclatantes de la fausseté de ces accusations, elles se sont envolées comme un rêve.

Puis, est-ce que cela a été fini ? Nullement, et vous savez quelle part considérable a son nom dans les graves évènements des mois de novembre et de décembre derniers. On le dit tout bas ; pourquoi ne pas le dire tout haut à cette tribune ?

Est-ce que ce n'est pas à la haine du maniaque qui lui a succédé au ministère de la guerre... (Vives protestations sur un grand nombre de bancs.)

M. le président. — Monsieur Laguerre, quelle que soit la liberté qui doit être maintenue à cette tribune, — et je pense qu'elle a été assez large depuis le commencement de ce débat, — il n'est pas permis d'employer des expressions pareilles, et je vous rappelle formellement à l'ordre du jour. (Très bien ! très bien !)

M. Laguerre. — Je laisse à ceux qui ont connu les détails de cette histoire le soin de juger cette expression.

M. le président. — Vous ferez mieux de la retirer, elle n'est pas digne de vous.

M. Laguerre. — Je disais, messieurs, que le scandale de l'affaire dite des décorations n'a éclaté que parce que le Gouvernement avait trouvé dans les papiers d'une femme que je ne veux pas nommer, une lettre banale signée du général Boulanger, et qu'on espérait pouvoir compromettre son nom dans cette fange.

M. Périllier. — C'est parfaitement vrai !

M. le baron Dufour. — C'était le général Boulanger que l'on voulait frapper !

M. Laguerre. — Pour finir cette discussion, je renvoie à la déposition de l'honorable M. Gragnon, ancien préfet de police, devant la commission d'enquête.

Messieurs, après cette affaire, le silence s'était fait sur le nom de M. le général Boulanger ; personne n'avait à s'en plaindre ; il travaillait modestemen et simplement à la direction de son corps d'armée. (Murmures au centre.) Ses ennemis se félicitaient de ce silence; ils y voyaient une diminution de sa popularité : elle était plus grande que jamais, et il a suffi qu'un inconnu sans mandat allât dans quelques départements répandre des bulletins au nom de M. le général Boulanger pour que, dès le lendemain — tant il est vrai que la Chambre est impopulaire ! — 54,000 voix se portassent sur son nom. (Exclamations sur divers bancs.)

Alors, non pas à cause des absences illégales — *c'est une fable qu'il ne faut pas conter à cette tribune* — mais à cause des élections du 26 février, à cause des symptômes que vous y voyiez, M. le général Boulanger a été frappé.

M. le baron Dufour. — Voilà la vérité !

M. Laguerre. — Messieurs, considérant les services rendus, la place qu'il occupe dans l'armée, celle qu'il est appelé à y prendre au jour de la défense nationale, nous pensons que c'en est assez. Tant que qu'on ne l'a attaqué que dans ses intérêts. tant qu'on n'a fait que de le surveiller, l'entourer de policiers, il pouvait supporter tout, mais du moment où on a songé à briser son épée dans sa main, à diminuer son autorité militaire, peut-être à la faire disparaître demain, il fallait s'adresser au pays. Et c'est ce que nous avons fait dans des conciliabules où, je l'affirme, monsieur le président du conseil, M. le général Boulanger n'assistait pas, où assistaient seulement ceux qui ont mis leur nom au bas du manifeste que rappelait tout à l'heure l'honorable M. de Cassagnac...

. . . .

. . . .

M. Laguerre. — Quelques-uns, parmi ceux que je vois sur les bancs de la Chambre, ont été il y a trente-six ans, en prison pour la République et n'ont pas oublié ces douloureux souvenirs. (Mouvement.) Il ne s'agit donc ni de plébiscite ni de dictature.

Un membre à gauche. — De quoi s'agit-il, alors ?

M. Laguerre. — Nous avons confiance dans la parole d'un soldat républicain.

M. Henry Maret. — Comme Bonaparte !

M. Philippon. — Il ne l'a pas toujours été !

M. Laguerre. — Nous avons plus confiance encore dans ce libre et généreux pays qui repousse tous les dictateurs et qui n'en acceptera jamais aucun. (Bruit.)

Aussi bien, du reste, la dictature, ce n'est pas nous qui la faisons : c'est vous qui la créez par vos accusations, par vos injustices...

M. Lyonnais. — On tenait le même langage avant le 2 décembre 1851.

M. Laguerre.... si vous approuvez les mesures prises ; c'est vous qui la créez si vous approuvez le Gouvernement déférant le commandant du 13° corps à un conseil d'enquête et privant ainsi la patrie d'un bras qui peut si puissamment la servir à une heure prochaine. (Rumeurs à gauche et au centre).

M. Gaillard (Vaucluse). — Il s'est mis en rébellion !

M. Laguerre. — Quant à moi, messieurs, je pense que c'est là une chose impossible, anti-patriotique, et nous verrons ce que penseront, dimanche prochain, non les députés, mais les électeurs ! (Très bien ! sur quelques bancs. — Mouvements divers.)

M. le président. — La parole est à M. Clémenceau.

M. Clémenceau. — Messieurs, je n'aurais pas soulevé ce débat. Non, je ne l'aurais pas soulevé, car je le regrette pour la personne de M. le général Boulanger et pour mon pays. (Très bien ! très bien ! à gauche.) Mais, puisque la discussion s'est produite, chacun a le devoir ici de prendre position, et c'est pour expliquer le vote que je vais émettre tout à l'heure que je suis monté à la tribune.

Messieurs, je crois qu'à ce moment de la discussion il faut laisser de côté toutes ces personnalités qu'on vient de faire défiler devant vous. Il ne s'agit pas pour la Chambre qui me fait l'honneur de m'écouter en ce moment de savoir quels ont pu être dans le passé les actes de tel ou tel personnage politique. Cessons de regarder, de discuter les hommes, pour n'envisager que la situation politique dans ses rapports avec le vote que nous allons émettre. C'est sur ce point que je demande à m'expliquer.

Je laisse absolument de côté la personne de M. le général Boulanger ; je ne veux pas l'introduire à mon tour dans la discussion. Ce que j'affirme avec le Gouvernement, ce que j'affirme, je pense, avec l'unanimité des représentants qui me font l'honneur de m'écouter, c'est qu'il faut que la discipline soit maintenue dans l'armée. (Applaudissements.)

Un membre à gauche. — C'est toute la question !

M. Clémenceau. — ...c'est qu'il faut que tout homme qui manque à la discipline soit puni, qu'il soit général ou qu'il soit simple soldat. (Très bien ! très bien !)

Comment ! un soldat n'aurait pas le droit de quitter le rang pour aller voir sa mère qui va peut-être mourir, et un général pourra, malgré les ordres du ministre, abandonner son commandement, lui qui doit donner l'exemple de la discipline ! C'est impossible ; cela ne doit pas être. (Applaudissements.)

Si j'ai bien compris le discours de l'honorable M. Laguerre, il est de ceux qui approuvent la doctrine que j'apporte en ce moment à cette tribune.

S'il n'y avait qu'un fait de cette nature à juger, en vérité je pense que la discussion n'aurait pas été si longue ; mais il y a une situation politique qui s'est greffée sur l'incident dont on vient de parler, et c'est elle qui mérite votre attention, c'est elle qu'il faut étudier.

Quel est l'état de l'opinion républicaine dans ce pays ? Quelle est la situation de la Chambre vis-à-vis de ceux qui lui ont donné son mandat ? Voilà la question qu'il faut étudier si nous voulons nous rendre compte de la portée et des conséquences du mouvement qui s'est produit dans ce pays, si nous voulons apprécier utilement certains résultats électoraux qui, pour beaucoup d'entre nous, ont été assurément très inattendus.

Messieurs, je suis d'autant plus à l'aise pour examiner cette question, qu'à mon avis les personnalités, contrairement aux apparences, ne jouent là qu'un rôle très secondaire, qu'elles ne sont que l'instrument inconscient d'une fatalité supérieure qui entraîne notre malheureux pays, comme elle l'a entraîné à certaines heures de notre histoire, et contre laquelle nous avons le droit de le prémunir.

Tous ceux qui sont dignes du nom de républicain doivent, à l'heure qu'il est, étudier l'histoire de la République depuis le jour où elle a été pour la première fois proclamée dans ce pays, et se garder des fautes par où elle a péri. (Très bien ! très bien ! à gauche.)

Nous avons fait justice, monsieur Clémenceau, de la discipline violée, comme de la question de dictature.

Le tableau attendrissant du soldat qui ne peut aller assister sa mère mourante est de la haute fantaisie.

A part, devant l'ennemi, il est toujours tenu rigoureusement compte de ces sentiments si respectables, et, dans ces cas exceptionnels, les permissions sont toujours accordées à qui les demande et en prouve l'urgence ; de plus, si l'intéressé, pris au dépourvu, n'a pas l'argent nécessaire pour faire son voyage, ses chefs le lui avancent.

Voilà la vérité !

Vous lirez plus loin aux principes généraux de la subordination que nous avons cru devoir rappeler, que la discipline étant ferme doit être aussi paternelle et que *l'arbitraire en est formellement exclu*.

Vous n'ignorez pas, M. Clémenceau, qu'une latitude (que les soins de leur commandement, souvent très vaste, rendent obligatoire) est laissée aux chefs de corps d'armée en ce qui concerne leurs déplacements dont ils rendent simplement compte.

Que, fréquemment, pour éviter des longueurs fâcheuses et un échange fastidieux de correspondances trop nombreuses, au sujet d'affaires de service offrant quelque difficulté, ils se rendent au ministère, à Paris, pour en conférer, soit avec le ministre, soit avec les directeurs compétents, sans qu'il y ait lieu pour eux de demander de permission au ministre.

Cela est tellement exact que vous avez pu lire, maintes fois, des circulaires ministérielles prescrivant aux commandants de corps d'armée de se trouver au siège de leur commandement à telle ou telle époque.

Avant la mise en non activité par retrait d'emploi qui est pres qu'une mesure flétrissante, l'usage constant du réglement demandait que l'on infligeat d'abord la mise en disponibilité plus proportionnée à la faute commise. C'est d'ailleurs la punition disciplinaire dont le général Schmitz a été frappé.

Vous voyez bien, M. Clémenceau, que la question de discipline n'a rien à voir dans ce débat, qu'elle n'a été invoquée que pour servir, par une équivoque à sensation, les besoins d'une mauvaise cause ; vous vous en doutiez bien un peu, je n'en veux pour preuve que l'orientation nouvelle que vous allez donner à votre argumentation.

M. Clémenceau. — Oui, il faut le reconnaître, certaine partie de l'opinion républicaine parait se porter vers un homme, parait l'acclamer, vouloir l'opposer à la Chambre. Il ne sert à rien de nier le fait ; cela existe ; il faut le constater.

Tout à l'heure, M. Laguerre disait : « La Chambre est impopulaire ! » et il paraissait en triompher. M. de Cassagnac, avant lui, nous disait : « Vous êtes impopulaires ! » et il triomphait ; il exultait. Je crois, moi, qu'aucun Français ne devrait prononcer ces paroles avec joie. (Très bien ! très bien ! à gauche)

On dit : il y a d'un côté un homme qui a pour lui l'avenir, qui n'a encore prononcé aucune parole politique irrémédiable, qui n'a encore fait aucun acte politique qui l'engage, et on l'oppose aux 500 bavards — Saluons, messieurs !

(Rires) — qui sont réunis dans cette Chambre, qui ne peuvent pas s'entendre, qui se disputent, qui ne réussissent pas à tomber d'accord pour fonder un gouvernement stable. pour adopter une politique suivie. (C'est vrai ! à droite. — Interruptions à gauche.

Qui vous eût donné cette popularité qui vous était due, et que, suivant un mot qu'on vous a rappelé tout à l'heure, on vous a dérobée, — cette popularité qui aurait dû aller tout droit aux représentants de la nation et qui s'égare aujourd'hui sur le nom d'un homme.

Vous voyez que je ne renie pas ce que j'ai dit. On m'a attribué je ne sais quel sentiment bas, dont je n'ai pas à me défendre. Je répète bien haut qu'il fallait souhaiter que la popularité vînt à la Chambre, à la représentation nationale ; qu'elle lui serait venue si la Chambre s'était montrée animée de l'esprit de progrès et de réformes, et que c'est un malheur pour la République, pour la liberté, que cette popularité se soit égarée sur le nom d'un soldat.

M. de Mahy. — Popularité en grande partie factice !

M. Clémenceau. — Voilà la question qui se pose : elle se posait lors des derniers incidents de ce genre qui se sont produits ; elle se pose encore aujourd'hui, elle est vivante devant vous.

Eh bien ! comment pouvez-vous résister à ce mouvement qui entraîne une partie du corps électoral ? Avez-vous un Gouvernement qui ait l'autorité suffisante ? (Exclamations sur divers bancs. — Applaudissements à l'extrême gauche.)

Il s'agit de savoir si vous voulez continuer ; il s'agit de savoir si vous voulez qu'on voie, d'une part, un homme, et de l'autre, le Gouvernement qui est sur ces bancs, la Chambre hésitante, incertaine, timorée.

Si un tel état de choses se prolongeait, c'est alors que la situation finirait par devenir inquiétante. Aujourd'hui, non, je ne suis pas inquiet, monsieur de Cassagnac : il suffirait que la Chambre fît comprendre au pays qu'elle veut faire des réformes, non seulement politiques, mais économiques ; il suffirait qu'elle le lui fît comprendre, non par des discours, mais par des actes, pour que la popularité lui revînt. Il n'est pas trop tard. (Applaudissements à l'extrême-gauche.)

J'ai fini, messieurs. M. le président du conseil demande l'ordre du jour pur et simple. S'il n'y avait pas d'autre question, s'il n'y avait pas d'autre intérêt engagé dans cette affaire que l'intérêt de la discipline, je voterais l'ordre du jour pur et simple ; mais il y a une question politique qui prime toutes les autres, qui est même la question tout entière, car il s'agit de savoir si l'état actuel des choses doit s'aggraver, ou si nous devons résolûment y porter remède.

Dans ces conditions, il ne me sera pas possible de voter l'ordre du jour pur et simple. (Mouvement prolongé.)

J'ai l'honneur de déposer sur le bureau de la Chambre l'ordre du jour suivant :

« La Chambre, décidée à maintenir la discipline dans l'armée, constatant l'impuissance du Gouvernement... » (Exclamations sur un grand nombre de bancs. — Bruit.)

M. Ribot. — Je demande la parole.

M. Clémenceau... « convaincue qu'une politique réformatrice peut seule mettre fin à l'agitation du pays, passe à l'ordre du jour. » (Applaudissements à l'extrême gauche.)

La parole est à M. Ribot.

M. Ribot. — Messieurs, lorsque tout à l'heure M. le président exprimait dans un langage que nous avons tous applaudi, le sentiment que nous éprouvions en présence des défis audacieux qui étaient portés à cette tribune à la légalité, à la loi, à la Constitution, j'espérais que ce sentiment qui nous réunissait tous persisterait jusqu'au bout et qu'unanimes dans notre opinion, nous serions aussi unanimes dans nos votes devant le pays qui nous écoute et qui nous regarde. (Applaudissements au centre et à gauche.)

Pourquoi faut-il que l'honorable M. Clémenceau vienne jeter dans ce débat si simple, si clair, si lumineux pour ceux qui veulent voir...

Il n'y a qu'une personne qui ait intérêt à ce que cette confusion se fasse. (Très bien sur les mêmes bancs.) Il n'y a qu'une personne qui ait intérêt à ce qu'on puisse dire, en dehors de cette enceinte, qu'il n'y a a pas seulement ici une question de devoir militaire, de respect hiérarchique dans l'armée, mais qu'il y a aussi une question politique. Cette personne, je n'ai pas besoin de vous dire qui elle est; et vous voyez les efforts que font ses amis pour créer cette équivoque, pour jeter dans le débat cette obscurité. (Nouveaux applaudissements au centre.)

Eh bien, ce n'est pas vrai; et je suis monté à la tribune pour le dire : il n'y a qu'une question ici, une question sur laquelle personne ne peut, ne doit se mettre en désaccord avec la majorité : c'est une question de devoir militaire, d'obéissance. Vous n'avez pas le droit d'y jeter une autre question. (Vifs applaudissements au centre.)

Qui l'a donc jetée dans le débat, cette autre question, M. Clémenceau, si ce n'est le gouvernement par la bouche de M. Tirard ?

M. le comte de Douville-Maillefeu. — Je demande la permission à la Chambre de lui dire très brièvement pourquoi je la prie de bien vouloir voter l'ordre du jour pur et simple tel qu'il a été demandé par le Gouvernement. (Applaudissements à gauche et au centre.)

Je n'ai pas à parler de la personne qui fait l'objet de l'interpellation en discussion, interpellation que, pour ma part, j'ai eu de la peine à comprendre, car les faits étaient bien simples. Il ne s'agit pas de savoir si les détails qu'on a donnés sont vrais ou faux; ce qui est certain c'est qu'un acte d'indiscipline a été commis et, dans ce cas, si M. le ministre de la guerre n'avait pas frappé la personne dont il est question, d'une façon aussi grave, puisque c'était la deuxième fois qu'elle commettait une faute contre la discipline, il n'eût pas rempli sa mission et il eût été condamné par tous. (Très bien! très bien! et applaudissements à gauche.)

Il n'y a pas, j'ose le dire, un bon Français qui, dans une circonstance comme celle-ci, pourrait avoir une autre manière de voir. Nous pouvons être animés d'aspirations différentes, et voir le salut de la patrie dans telle ou telle direction; mais quand il s'agit de ce qu'il y a de plus sacré, du devoir militaire, pouvons-nous nous diviser? (Très bien! et applaudissements sur un grand nombre de bancs.)

J'ai porté l'épaulette, et je dois dire que l'honneur d'un officier consiste à supporter la tête haute et fière une punition, même injuste. C'est l'honneur d'un soldat de se dire : Oui! la discipline est telle qu'elle peut frapper injustement le meilleur serviteur; mais la discipline exige précisément que le soldat fasse ce sacrifice à la patrie, qu'il accepte d'être frappé, même quand il ne le mérite pas. Dans ce cas, au lieu de nous plaindre, nous relevons la tête et nous servons plus fidèlement. (Vifs applaudissements à gauche.)

J'ai pu souvent mériter d'être puni ou ne pas être puni quand je l'avais mérité; j'ai pu être puni sans mériter de l'être, et, le lendemain, je disais à mes chefs, quand ils venaient presque s'en excuser : Vous n'avez pas d'excuses à faire; je suis fier d'avoir été puni injustement, et je relève d'autant plus la tête en faisant mon devoir aujourd'hui.

La discussion étant ainsi placée sur son véritable terrain, je supplie tous mes collègues, quels qu'ils soient, de ne voir que la question de discipline militaire, de cette discipline qui a été violée misérablement pour une raison des plus futiles, et je demande instamment que tous veuillent bien se rallier à l'ordre du jour pur et simple. (Très bien! très bien! et applaudissements sur un grand nombre de bancs.)

M. Clémenceau. — Je demande la parole.

M. le président. — La parole est à M. Clémenceau.

M. Clémenceau. Messieurs, il me sera permis de répondre en deux mots à l'honorable M. Ribot.

Nous sommes tous d'accord, n'est-il pas vrai dans cette Chambre.

Sur divers bancs. — Non, pas tous !

M. Clémenceau.... pour que la discipline soit strictement maintenue dans l'armée. (Oui ! Oui !)

Ce que M. le ministre de la guerre a fait, je l'approuve. Peut-on être plus net ? Mais vous ne pouvez pas faire que nous ne soyons pas une assemblée politique, que nous n'ayons pas à nous occuper de l'état politique du pays. (C'est cela ! Très bien ! sur divers bancs à gauche.)

Divers membres au centre. — Demain ! Pas aujourd'hui.

M. Clémenceau. — Vous ne le voulez pas? Vous voulez ajourner perpétuellement ; vous voulez condamner la France à cette politique d'atermoiement qui l'énerve et l'irrite ! Que peuvent souhaiter de mieux vos pires ennemis ? Vous voulez tout renvoyer à demain, et demain nous entendrons de nouveau cet éternel refrain. Et pourtant, vous le savez, ce sont les fautes que nous avons commises qui ont produit la situation où nous nous débattons.

Prenez garde, si vous persévérez, qu'elles n'aient un jour des conséquences redoutables. Arrêtez-vous dans cette voie, il en est temps encore ; ayez un gouvernement résolu, réformateur ; imposez-lui une politique d'action, et vous combattrez ainsi M. le général Boulanger avec plus de succès que par toutes les mesures que vous pourrez prendre contre lui. (Applaudissements à l'extrême-gauche. — Aux voix ! aux voix !)

3

M. le président. L'ordre du jour pur et simple, demandé par le Gouvernement ayant la priorité, je le mets aux voix.

Il y a une demande de scrutin public, signée de MM. Derevoge, Jules Steeg, Ricard, Paul Casimir Perier, Antonin Proust, Jules Roche, Trouard-Riolle, Casimir Perier, Georges Cochery, Jules Siegfried, Antonin Dubost, Mennesson, Roure, Cavaignac, Rouvier, Albert Ferry, etc.

Le scrutin est ouvert.

(Les votes sont recueillis. — MM. les secrétaires en font le dépouillement.)

M. le président. Voici le résultat du dépouillement du scrutin :

<pre>
Nombre des votants.................................... 421
Majorité absolue....................................... 211
    Pour l'adoption........................ 339
    Contre.................................   82
</pre>

La Chambre des députés a adopté.

Le Gouvernement, par ses actes, ne va pas tarder à démontrer de quel côté était l'équivoque ; qui l'on a trompé enfin dans ce long débat ?

La haine affolée ne raisonne pas ; et, lorsqu'on veut trop prouver on ne prouve rien. C'est ce qui va se dérouler sous nos yeux.

En attendant que la lumière soit faite pour tous, nous applaudirons sincèrement aux paroles de l'honorable comte de Douville-Maillefeu.

Oui, certes, il faut aimer assez sa patrie pour lui faire le sacrifice d'une défaite d'amour-propre d'un quart d'heure.

On s'incline avec respect devant l'erreur commise par un supérieur dont on a pu apprécier la vertu et les nobles qualités, et l'on supporte gaiement une punition injuste.

Mais lorsqu'il n'y a pas de chefs, lorsqu'il n'y a qu'un rapport de policier, lorsqu'on est victime d'une lâche conspiration et que l'on est frappé dans l'ombre, traîtreusement, sans explication et sans avis, illégalement enfin ! — *Faut-il encore courber la tête ?*

De plus, l'ordonnance du 2 novembre 1833, aux principes généraux de la subordination, prescrit ceci :

« *Si l'intérêt du service demande que la discipline soit ferme, il veut en même temps qu'elle soit paternelle; toute rigueur qui n'est pas de nécessité, toute punition qui n'est pas déterminée par le règlement, tout acte outrageant d'un supérieur envers son subordonné sont sévèrement interdits.*

« *Les membres de la hiérarchie militaire, à quelque degré qu'ils y soient placés, doivent traiter leurs inférieurs avec bonté, être pour eux des guides bienveillants, leur porter tout l'intérêt, et avoir envers eux tous les égards dus à des hommes dont la valeur et le dévouement procurent leurs succès et préparent leur gloire.*

« La subordination doit avoir lieu rigoureusement de grade à grade ; l'exacte observation des règles qui la garantissent, en écartant l'arbitraire doit maintenir chacun dans ses droits, comme dans ses devoirs. »

Méditez ces prescriptions, M. Tirard, ce sont là de vrais principes et non pas de fausses maximes ! Voyez comme votre ministre de la guerre les a observées vis-à-vis de son subordonné le général Boulanger !...

Puis.... mesurez votre bassesse !!!

Méditez-les également MM. les 339 qui avez encouragé le Gouvernement à commettre de nouvelles fautes et à se déshonorer à jamais dans une hideuse et stupide infamie !

VII

L'Infamie

Le Gouvernement n'avait plus qu'une faute à commettre, il l'a commise, il l'avait d'ailleurs annoncée.

Dès le lendemain de l'interpellation, la situation du Gouvernement vis-à-vis du général Boulanger était jugée ainsi dans un des journaux les plus lus de Paris.

On lit dans la *France* :

Il ressort de la séance d'hier à la Chambre des députés, des discours qui ont été prononcés et des déclarations mêmes de M. Tirard, président du Conseil :

1° Que le gouvernement, dans l'affaire Boulanger, s'est fort peu inquiété de la question de discipline ;

2° Que le général Boulanger a été frappé pour des raisons purement politiques ;

3° Que la mesure a été prise à la suite d'un rapport de police ;

4° Que les détails contenus dans ce rapport sont faux ;

5° Que, depuis longtemps, le gouvernement faisait filer par ses mouchards les moins avouables un officier général français coupable d'avoir reçu quatre blessures graves au service de son pays.

Nous n'insisterons pas. Aussi bien les faits parlent d'eux-mêmes.

On nous accuse, dans certains milieux, d'insulter l'armée. Qui donc insulte le plus l'armée, de ceux qui la livrent à la basse police, ou de nous qui la voulons forte et respectée pour le jour du grand combat ?

Puis la note d'Aurélien Scholl :

Vendredi. — Je ne voyais pas du tout Boulanger député. Turquet l'eût appelé « mon cher collègue », familiarité que le représentant de l'Aisne ne saurait se permettre avec un général.

Boulanger est, du reste, suffisamment vengé de ses persécuteurs. Les « lunettes bleues », qu'on lui a si gratuitement prêtées, ont fait le tour du monde au milieu de l'hilarité universelle. On a ri en soixante-dix langues.

— Pourquoi des lunettes bleues ? a dit Hébrard. Quand on veut se cacher, il n'y a qu'à faire semblant de lire le *Temps*. Une fois le journal déployé, l'homme est introuvable.

Le Comité de protestation nationale crut devoir publier ce manifeste pour épargner, si possible était, une nouvelle honte au Pays :

Dans la séance du 20 mars de la Chambre, M. Tirard, président du conseil des ministres, parlant du général Boulanger, a osé dire :

« Il s'est immédiatement mis en rapport dans des conciliabules avec des amis qui lui préparent une nouvelle candidature. »

M. Tirard a altéré la vérité. Personne ne s'y est trompé; personne n'ignore que le Comité républicain de protestation nationale s'est formé en dehors de toute intervention directe ou indirecte du général Boulanger.

Les ministres indignes, qui ont mérité les éloges de la Prusse en frappant le général Boulanger, sont décidés à aller jusqu'au bout de leur besogne abominable et anti-patriotique.

Ils veulent briser son épée, à l'heure où la France peut avoir besoin, plus que jamais, de concentrer toutes ses forces pour la défense du sol national.

Le Comité républicain de protestation nationale, ne voulant pas fournir l'apparence même d'un prétexte à l'appui de l'acte de forfaiture qu'on s'apprête à accomplir, déclare qu'il retire la candidature du général Boulanger, et qu'il suspend son action électorale.

En présence de cette déclaration, qu'une partie de la presse, hostile au général, considérait comme un acte de soumission de sa part, toute mesure de rigueur fut déconseillée au Gouvernement et au Président de la République qui n'en tinrent aucun compte. Quand la passion parle et domine, la raison et les règlements se taisent. Aussi l'on vit à l'*Officiel* un nouveau rapport motivant, à la façon du premier, la composition d'un conseil d'enquête devant se prononcer sur la conduite du général Boulanger.

Le général était retourné à Clermont-Ferrand pour y opérer son déménagement, la nouvelle de sa comparution prochaine devant un Conseil d'enquête vint l'y trouver, sans troubler sa sérénité. Lorsque la persécution odieuse atteint une certaine limite, elle devient grotesque et n'excite plus que le dédain et le plus froid mépris. Voici ce qui s'est passé au moment de son départ définitif de la capitale de l'Auvergne, d'après le journal la *France*.

Clermont-Ferrand, 22 mars.

Le général Boulanger, ainsi qu'il avait été annoncé, sera demain à Paris; mais il paraît impossible qu'il puisse comparaître le jour même devant le conseil d'enquête, s'il est vrai, comme l'assure une dépêche reçue de Paris, qu'il était assigné pour demain.

La manifestation projetée par les Clermontois, à l'occasion de son départ, paraît devoir être très importante; toutes les communes des environs de Clermont y prendront part. Des bouquets seront offerts au général, et il lui sera remis une immense couronne portant cette inscription : *Au général Boulanger, les Clermontois confiants en son patriotisme.*

. Il y a quelques jours, le Cercle des Etudiants, dont le général est membre honoraire, l'avait invité à assister, avant son départ, à l'inauguration du nouveau local de ses réunions. Le général a répondu par la lettre suivante :

Monsieur le secrétaire général,

J'ai reçu la lettre que vous m'avez fait l'honneur de m'adresser pour me prier d'assister à la séance d'inauguration de votre lieu de réunion au palais de l'Académie. J'aurais été très heureux de me trouver au milieu de la jeunesse des écoles, mais je suis tellement occupé par les préparatifs de mon déménagement que je vous prie de m'excuser si je ne me rends pas à votre aimable invitation.

Veuillez agréer, monsieur, avec tous mes vœux pour l'association des étudiants, l'assurance de mes meilleurs sentiments.

Général BOULANGER.

Tous les étudiants, sans nul doute, seront présents demain au rendez-vous assigné pour la manifestation.

Voici le texte des affiches qui ont été placardées hier dans Clermont et les communes voisines.

Citoyens,

Le peuple souverain doit protester contre les gouvernants qui, menteurs à leurs promesses, se vengent d'une popularité qu'ils n'ont pas su conquérir.

N'est-ce pas trop d'avoir humilié l'armée française en la personne d'un général escortant le cercueil de Guillaume, le vainqueur d'hier?

Ne la laissons pas ridiculiser par des rapports de police.

Protestons !

La presse allemande a demandé qu'on brise l'épée du général Boulanger. Le gouvernement français supportera le soupçon d'y avoir obéi.

Protestons contre l'aplatissement de la France sous la botte prussienne.

Le peuple ne veut pas de dictateur ; mais il se doit d'être reconnaissant à ceux qui le servent.

Allons dire au général Boulanger que la Patrie compte toujours sur lui.

Allons, à son départ, acclamer le patriote républicain !

Le Comité.

Dès que ces affiches ont été apposées, des groupes se sont aussitôt formés pour en prendre connaissance. L'affichage a failli ne pas avoir lieu ; un conseil a été tenu à la préfecture, et ce n'est qu'après un long débat qu'il a été convenu qu'aucune opposition ne serait faite à l'exhibition des affiches.

Je vous ai parlé de la tentative de vol dont le général a failli être victime. Cette tentative a causé ici une grande émotion. Mais ce qui a vivement indigné la population, c'est le détournement de la correspondance de l'ex-commandant du 13e corps. Le général a été très sensible à cette vilenie ; le matin encore, il devait recevoir une lettre de sa fille Hélène, et elle ne lui est pas parvenue.

LE RETOUR DU GÉNÉRAL

Moulins, 23 mars, midi.

Malgré les manœuvres des réactionnaires et du préfet, la manifestation projetée a parfaitement réussi à Clermont-Ferrand. Dès huit heures, plus de quinze cents personnes s'étaient massées sur le cours Sablons, en face du quartier général.

A neuf heures, le général Boulanger est sorti de l'hôtel accompagné de sa fille Marcelle. Il a fait le trajet à pied par le boulevard Central. La foule était échelonnée sur son parcours et acclamait le général. La gare était impossible à aborder, des milliers de personnes s'y étant portées avant l'heure du départ du train.

Il m'a été impossible d'évaluer le nombre des assistants, qui se massent jusqu'à trois cents mètres sur les quais.

De nombreux cris de : « Vive Boulanger ! à bas Flourens ! à bas Ferry ! Vive la République ! » se sont fait entendre.

Au moment de monter en wagon, M. Baillière, conseiller municipal, adresse quelques mots sympathiques au général.

Une jeune fille vêtue de blanc, ayant en sautoir un ruban tricolore, lui offre un bouquet. Le général Boulanger répond par ces paroles : *Je vous remercie. Votre manifestation m'émeut et me touche profondément. Je n'y répondrai que deux choses :*

« La première, c'est que jamais je n'oublierai les quelques mois que je viens de passer avec les braves Clermontois ; la seconde, c'est que j'ai déjà versé quatre

fois mon sang pour mon pays et que je suis tout prêt à le verser encore si la France a besoin de moi. Vive la France! Vive la République! »

Ces paroles sont accueillies par des acclamations mille fois répétées, puis la foule entonne la *Marseillaise*.

Malgré les précautions prises, les manifestants avaient envahi la voie au-dessus de la gare.

Des portes de la gare, plusieurs vitres ont été brisées.

Un journaliste crie : « Vive Carnot! Vive Logerot! Vive la République! » Quelques manifestants lui répondent par des cris de : « A bas la Prusse! à l'eau! » Il est entouré et frappé. La police finit par le dégager.

Le général monte dans un wagon avec sa fille, et le train s'ébranle aux cris de : « Vive Boulanger! »

Un nouvel incident se produit alors. Le journaliste, qui s'était réfugié au comptoir Pintrand, est reconnu par la foule. Elle le suit et l'accable de nouveaux coups lorsqu'il s'apprête à monter dans un landau.

Un gendarme est obligé de dégaîner et de frapper à coups de plat de sabre ceux qui l'entourent. La voiture finit par s'éloigner au triple galop.

Le train s'ébranle aux cris mille fois répétés de : « Vive Boulanger! »

Toute la police de Clermont-Ferrand était sur pied.

Au quartier général, le détachement d'infanterie avait été renforcé.

A Riom et à Gannat, manifestations et cris de : « Vive Boulanger! »

Le général Boulanger, rejoint par quelques-uns de ses amis à Melun, arriva le soir même à Paris.

Le 20 mars avaient eu lieu les obsèques de M. Carnot, sénateur, père du président de la République. Cette cérémonie fut troublée par un incident dont, avec notre impartialité habituelle, nous empruntons le récit à un journal opportuniste : le *Paris*.

Manifestations contre M. Jules Ferry

Des manifestations regrettables ont eu lieu pendant le défilé du cortège de l'enterrement de M. Carnot.

Au moment où l'on traversait la place de l'Opéra, M. Jules Ferry a été reconnu dans sa voiture. Aussitôt, une troupe d'une centaine de manifestants a entouré la voiture criant : « A bas Ferry! A l'eau Ferry! Vive Boulanger! »

Les agents, inquiets de ce mouvement, ont voulu faire dévier la voiture et lui faire prendre l'avenue de l'Opéra.

Mais les manifestants, chaque instant plus nombreux et plus bruyants, ont suivi. Devant le cercle militaire la voiture a dû rester arrêtée un quart d'heure, au milieu des manifestants qui faisaient entendre des cris de menace. Une cinquantaine d'agents avaient peine à contenir la foule qui arrivait plus nombreuse à chaque instant, attirée par le bruit.

Finalement, la police parvint à dégager la voiture, qui put, au grand galop, se dérober par l'avenue de l'Opéra.

Le ministre de la guerre put enfin, en sortant des règlements, après avoir essuyé de nombreux refus, composer le Conseil d'enquête devant lequel devait comparaître le général Boulanger. Ce Conseil fut ainsi composé :

Président : Général Février, commandant le 6ᵉ corps d'armée à Châlons-sur-Marne.

Membre : Général de Franchessin, commandant l'artillerie à Bourges.

Membre : Général Bressonnet, directeur du Comité des fortifications à Paris.

Membre : Général Thierry, commandant la division d'infanterie, à Aix.

Rapporteur : Général de Gressot, commandant la division de cavalerie du Gouvernement de Paris.

Ce Conseil devait se réunir et se réunit le lundi 26 mars pour la comparution du général Boulanger.

Le 25 mars, les électeurs de l'Aisne donnaient au général Boulanger 45,089 voix ; ce soufflet, appliqué sur la joue du ministère Tirard, devait être payé le lendemain par une iniquité.

Un incident avait eu lieu le 24 mars. Les ennemis cachés du général avaient monté un nouveau coup que nous allons relater. Ce fut un véritable coup d'épée dans l'eau, grâce à la vigilance de l'honorable M. Michelin, député de la Seine et des autres amis politiques du général. Voici le récit de la *Lanterne*.

Vers quatre heures et demie, la nouvelle de l'affichage d'un soi-disant meeting présidé par le général Boulanger, circulait dans les couloirs.

Nous rencontrons alors notre ami, M. Michelin, député de la Seine, auquel nous faisons connaître le bruit qui circulait.

— Trouvez-moi le texte exact de ce placard, nous répondit M. Michelin, et je dénoncerai ce soir même, à la tribune, cette infâme manœuvre.

En même temps, M. Laguerre nous avait affirmé qu'il était étranger à cette manifestation ; d'autre part, on nous donnait pour M. Rochefort la même affirmation.

Quant à M. Laisant, il ignorait certainement tout ceci, étant en route pour Oran, où il allait assister à un congrès pédagogique.

Rue de Rivoli

Nous nous mîmes en quête d'une de ces affiches. Les boulevards avaient été délaissés par les afficheurs anonymes. Nous rencontrons les premiers placards, rue de Rivoli, sur les murs de la caserne Lobau, côte à côte de ceux de M. Joffrin.

Après avoir pris le texte de ce placard, nous nous rendons à la Chambre et remettons à M. Michelin le texte exact de cette singulière convocation, que nous reproduisons ci-dessous :

SALLE RIVOLI, rue Saint-Antoine, 104

Dimanche 25 mars, à 1 heure et demie

GRANDE RÉUNION PUBLIQUE

Sous la présidence d'honneur du général Boulanger

PROTESTATION CONTRE LES INJUSTICES DU MINISTÈRE

Envers le général BOULANGER

Devant la mesure inique qui frappe un Général républicain et patriote, nous invitons tous les patriotes à protester énergiquement et nous faisons un appel pressant à tous les républicains, afin de prendre une résolution énergique.

ORATEURS INSCRITS :

MM. MICHELIN, LAGUERRE, LAISANT, députés ; ROCHEFORT, journaliste

---

PRIX D'ENTRÉE : **50 centimes**

Paris. — Imprimerie VERT Aîné, 8, rue François-Miron, 8

M. Laguerre, en son nom et au nom de M. Laisant, son collègue et ami, en ce moment à Oran pour le Congrès de l'avancement des science, déclare qu'ils sont absolument étrangers au meeting qui doit avoir lieu demain, salle Rivoli, sous la présidence d'honneur de M. le général Boulanger.

Ils protestent contre l'abus fait de leurs noms et se réservent d'intenter des poursuites contre les auteurs responsables de cette manœuvre.

On lit toujours dans la *Lanterne :*

LE PLACARD POLICIER

Notre ami, M. Michelin, monte à la tribune pour poser une question au Gouvernement sur le placard policier.

M. Michelin. — Je regrette que M. le ministre de l'intérieur ne soit pas présent à la séance, mais nous avons ici un membre du Gouvernement et, comme le Gouvernement est solidaire, j'espère que M. le ministre des travaux publics pourra répondre à ma question.

Il y a, on l'a dit, de maladroits amis, mais il y a aussi de maladroits ennemis.

Voici une affiche qui est répandue à profusion dans Paris :

M. Michelin lit l'affiche ci-dessus citée et ajoute ces mots :

Je demande au Gouvernement s'il a quelques renseignements à nous donner sur les auteurs de cette affiche.

Quant à nous, dont les noms figurent comme orateurs inscrits, nous déclarons nettement que nous n'en avons jamais entendu parler.

Nous voyons là une manœuvre inqualifiable dirigée contre un homme qu'on veut abattre, ce à quoi, je l'espère, on ne parviendra pas ! (Très bien ! très bien ! sur quelques bancs.)

M. Loubet, *ministre des travaux publics.* — M. Michelin m'a demandé si j'étais en situation de le renseigner au sujet de cette affiche. Je lui ai répondu tout à l'heure que j'étais, en ce qui me concerne, dans l'ignorance absolue du fait qu'elle signale.

Quant à M. le ministre de l'intérieur, je viens de me renseigner auprès de lui pour savoir s'il était plus heureux que moi ; M. le ministre de l'intérieur m'a répondu qu'il n'avait à sa disposition absolument aucun renseignement qui pût lui permettre de satisfaire la curiosité de M. Michelin. (Mouvements divers.)

Je ne dis pas que cette curiosité ce soit pas légitime. (On rit.)

Je pense que M. Michelin a insisté pour poser cette question afin de désavouer l'usage qui a été fait de son nom. S'il en est ainsi, le but qu'il se proposait est rempli. (Très bien ! très bien ! sur divers bancs.)

Le Gouvernement n'a rien de plus à déclarer, si ce n'est qu'il ne peut être suspect d'être l'auteur ou le complice du fait dont il se plaint. (Très bien ! très bien ! sur un grand nombre de bancs.)

M. Michelin. — Je remercie M. le ministre des travaux publics, mais je regrette que M. le ministre de l'intérieur n'ait pas daigné se rendre à la séance, quand il était prévenu que la question que j'avais l'intention de poser. (Très bien ! très bien ! sur divers bancs à gauche.)

Il s'agit ici d'un fait très grave qui nous intéresse tous. (Bruit au centre et sur divers bancs.)

Si je ne considérais pas un tel fait comme très grave, je ne me serais pas amusé à apporter ici une simple affiche, alors que je pouvais m'adresser au parquet, puisque mon nom figurait indûment sur cette affiche ; mais je dis qu'il y a là une manœuvre et je tiens à la dénoncer.

Au meeting, la caisse fut enlevé — tumulte — plainte au parquet par plusieurs citoyens lésés.

Ces faits se passaient la veille même de la convocation du généra Boulanger devant le Conseil d'enquête.

Rien à ajouter !

Nous croyons devoir reproduire à titre de document la lettre que M. le général de division de Gressot, rapporteur du Conseil d'enquête, a adressée à M. le général Boulanger pour l'informer de sa comparution devant ledit Conseil et des motifs de sa comparution :

<table>
<tr><td>

GOUVERNEMENT MILITAIRE

DE PARIS

—

1re Division de Cavalerie

—

É T A T - M A J O R

—

Bureau n° 1

</td><td>

Paris, 24 mars 1888.

</td></tr>
</table>

Le général de Gressot, commandant la 1re division de cavalerie, à Monsieur le général de division Boulanger. — Hôtel du Louvre, Paris.

Monsieur le général de division,

Conformément aux prescriptions de l'art. 11 du décret du 29 juin 1879 et comme rapporteur auprès du conseil d'enquête spécial devant lequel vous êtes appelé à comparaître, j'ai l'honneur de vous informer qne vous êtes envoyé devant ce conseil :

Pour avoir quitté votre poste sans autorisation et avoir livré à la publicité, sans y avoir été autorisé, votre lettre personnelle et confidentielle du 9 mars à M. le Ministre de la guerre.

Signé : DE GRESSOT.

Voici l'exécution :

Paris, le 27 mars 1888.

Monsieur le président,

J'ai eu l'honneur de vous adresser, le 20 mars 1888, un rapport tendant à faire comparaître devant un conseil d'enquête spécial, pour fautes contre la discipline, M. Boulanger (Georges-Ernest-Jean-Marie), général de division en non activité par retrait d'emploi.

Mes conclusions ayant reçu votre approbation, j'ai, conformément aux articles 5, 10, 12 et 13 de la loi du 19 mai 1834 et à l'article 7 de la loi du 4 août 1839, prescrit la comparution de cet officier général devant un conseil d'enquête spécial, composé suivant les formes voulues par le décret du 29 juin 1878.

Ce conseil s'est réuni le 26 mars 1888, à l'Ecole militaire à Paris, sous la présidence de M. le général de division Février, commandant le 6° corps d'armée, membre du conseil supérieur de la guerre.

Il a fait comparaître devant lui l'officier général objet de l'enquête et l'a entendu dans ses explications sur les faits qui lui étaient reprochés.

Ces explications données et les membres du conseil se jugeant suffisamment éclairés, M. le général de division président a, conformément au décret du 29 juin 1878, posé aux membres du conseil la question de savoir si M. le général de division en non-activité Boulanger était dans le cas d'être mis en réforme pour fautes graves contre la discipline.

La réponse a été: Oui, à l'unanimité.

En présence de cet avis, et les opérations du conseil ayant été régulières, j'ai l'honneur, monsieur le président, de vous proposer de décider que M. le général de division Boulanger (Georges-Ernest-Jean-Marie), sera, par applications des dispositions des lois précitées du 19 mai 1834 et du 4 août 1839, rayé des cadres de l'armée à la date de la signature du présent rapport et rendu à la vie civile.

Toutefois, M. Boulanger, ayant plus de trente ans de service, a des droits acquis à la pension de retraite (Loi du 11 avril 1831, art 1er.) et ne peut dès lors, d'après la loi du 19 mai 1834 (art. 9), être mis dans la position de réforme. Cette loi dispose, en effet, que la « réforme est la position de l'officier sans emploi qui n'étant plus susceptible d'être rappelé à l'activité n'a pas de droits acquis à la pension de retraite ».

En conséquence et suivant une décision du Conseil d'Etat, statuant au contentieux, en date du 21 décembre 1877, M. le général Boulanger, en non-activité par retrait d'emploi, doit être admis d'office à la retraite.

Ces conclusions étant conformes aux lois, décrets, règlements et avis sus-visés, je vous prie, monsieur le président, de vouloir bien revêtir le présent rapport de votre haute approbation.

Veuillez agréer, monsieur le président, l'hommage de mon respectueux dévouement.

Le Ministre de la guerre,

Général LOGEROT.

Approuvé :

Le Président de la République,

CARNOT.

Le même jour les journaux publiaient cette antithèse :

Acquittement de Wilson ! — Condamnation de Boulanger !

C'est à dire un tort attribué à qui ne veut pas se laisser voler, et le bris de la carrière d'un innocent.

Le gouvernement n'avait décidément pas de chance dans la détestable campagne qu'il avait si sottement entreprise.

Voici, d'après le général Boulanger, lui-même, ce qui s'est passé au conseil d'enquête.

Lundi matin, dit le général, je me suis rendu au conseil d'enquête, devant lequel j'ai été immédiatement introduit. Le général de Gressot m'a fait connaître de nouveau les faits au sujet desquels j'étais déféré devant le conseil, et, avant de me laisser m'expliquer, lecture m'a été donnée des articles du règlement militaire concernant mon cas, et des pièces du dossier réunies contre moi.

— Vous avez la parole, général, m'a dit alors le président du conseil, le général Février.

Mes explications ont été courtes, et je n'ai, à aucun instant, abordé la question politique, comme l'a prétendu le *Figaro*, ce qui eût été absurde de ma part, du reste, car le général Février ne m'eût pas laissé aborder ce terrain; il m'eût ramené immédiatement aux deux questions auxquelles j'avais à répondre.

PREMIÈRE QUESTION

— Vous avez quitté votre poste sans autorisation ?

— C'est à huit heures du matin que m'est parvenue à mon quartier général la lettre officielle par laquelle le ministre de la guerre me notifiait la déci_ sion présidentielle qui me mettait en retrait d'emploi et le rapport qui l'avait déterminée.

J'apprenais, en même temps, que le général de Broye, mon plus ancien divisionnaire, avait reçu de Paris l'ordre de venir conférer avec moi.

Je préparai tous les dossiers et documents intéressant le 13e corps, et dès l'arrivée du général de Broye, je lui en faisais remise.

Ma conférence avec cet officier général dura deux heures environ.

En même temps, j'avisais le ministre de la guerre, qui m'avait demandé où je désirais me rendre, que mon intention était de fixer ma résidence à Paris.

A cinq heures du soir, je revis le général de Broye; je lui demandai s'il n'avait pas besoin d'un complément d'informations; il me répondit que non; alors j'adressai mon ordre du jour d'adieux aux troupes du 13e corps.

Mis en non-activité par retrait d'emploi, n'étant plus rien à Clermont-Ferrand, où je n'avais plus rien à faire, je croyais pouvoir d'autant mieux m'éloigner du siège de mon ancien commandement que, si j'y étais demeuré, on n'eût pas manqué de dire que j'y avais prolongé mon séjour pour attendre et même provoquer des manifestations.

Le ministre connaissait mon arrivée à Paris, et il lui eût été loisible de m'inviter à retourner, jusqu'à nouvel ordre, à Clermont-Ferrand; mais je n'ai reçu aucun avis semblable.

DEUXIÈME QUESTION

— Vous avez livré à la publicité, sans y être autorisé, une lettre au ministre de la guerre?

— Sur la deuxième question, relative à la publicité que j'aurais donnée à ma lettre du 9 mars, j'ai répondu au conseil d'enquête :

Cette lettre, très déférente dans la forme, était dépourvue de tout caractère confidentiel et personnel.

M. Tirard, m'ayant accusé, à la tribune de la Chambre, de comploter, je voulais faire connaître la vérité tout entière, me laver de ce reproche et faire cesser tout sous-entendu.

— Vous n'avez plus rien à dire? m'a demandé le général Février.

— Non.

— Vous pouvez vous retirer.

Voilà exactement ce qui s'est passé entre le conseil d'enquête et moi.

Mon audition n'a pas duré une demi-heure.

Quant à la constitution de ce comité, je n'ai plus de raison, aujourd'hui, pour taire ce que je pense de la façon dont il a été composé.

« *En vertu du règlement, qui est formel, le ministre de la guerre a le droit d'éliminer qui il veut sur la liste des généraux susceptibles de faire partie du conseil d'enquête, mais il ne peut pas choisir qui lui convient.* »

Or, c'est ce qui est arrivé pour moi, puisque le conseil d'enquête était précisément composé de cinq généraux ne se suivant pas dans l'ordre d'ancienneté : *parmi eux, il en est contre lesquels, pendant mon passage au ministère, j'avais dû sévir et d'autres qui en avaient pris trop à leur aise dans l'exercice de leur commandement, ce que je n'avais pu tolérer.*

Je pourrais en appeler au Conseil d'État de la décision qui me frappe, mais je ne veux pas recourir à des arguties d'avocat, et je préfère m'incliner devant le fait accompli.

On a voulu me rendre à la vie civile pour que je sois libre, complètement libre. Eh bien, soit! On verra l'usage que je ferai de cette liberté.

Ainsi qu'on l'a vu plus haut, l'un des deux griefs relevés contre le général Boulanger consistait à « avoir livré à la publicité, sans y avoir été autorisé, sa lettre personnelle et confidentielle du 9 mars, au ministre de la guerre. »

Afin que le public puisse juger, en pleine connaissance de cause, de la puérilité des accusations portées contre le général Boulanger, nous croyons devoir reproduire cette lettre; elle n'avait, comme on le verra, aucun caractère politique, et n'a été publiée que dans l'unique but d'établir d'une façon définitive le motif qui forçait le commandant du 13e corps à venir à Paris. Voici cette lettre, sur laquelle on a osé s'appuyer pour arracher son épée au général Boulanger :

9 mars.

Monsieur le Ministre,

Le 25 février, il y a aujourd'hui quinze jours que j'ai eu l'honneur de vous demander l'autorisation de me rendre à Paris pour quelques jours, afin d'y aller chercher ma femme malade et mes enfants.

Le 27, vous m'avez répondu que, ma présence pouvant donner lieu à des interprétations fâcheuses, vous ne croyiez pas devoir me donner cette autorisation.

Ce même jour, je vous ai adressé un télégramme auquel vous avez répondu, le jour même, que vous ne pouviez que maintenir votre décision.

Si j'avais insisté, c'est que j'ignorais le bruit fait autour de mon nom et, ce que m'ont appris les journaux, l'enquête ordonnée par le Gouvernement sur les élections du 26 février.

Ces faits étant venus à ma connaissance précisément au moment où je recevais votre seconde lettre, je me suis incliné.

Aujourd'hui, Monsieur le ministre, je pense que beaucoup de calme s'est fait autour de cette question, et je suis sûr que l'enquête n'a pu prouver, puisqu'elle n'existait pas, mon ingérence dans les élections. M'appuyant en outre sur la lettre que je vous ai adressée le 3 de ce mois et que je vous remercie d'avoir fait publier, j'ai donc l'honneur de vous prier de m'accorder une permission de huit jours dont je commencerai à jouir, si vous le voulez bien, vers le milieu de la semaine prochaine.

Général BOULANGER.

Il s'est trouvé un ministre de la guerre et cinq généraux de division pour expulser de l'armée un de leurs collègues dans de semblables conditions et pour de pareils motifs, sans s'apercevoir qu'en leur sévérité, hors de toute mesure, en flattant la basse rancune d'un Ferry et la sotte vanité d'un Tirard, allaient porter une profonde atteinte à l'honneur du ministère de la guerre, et à la dignité du généralat.

Pauvre France !

Il n'y eut qu'une voix dans le pays tout entier, une explosion de cris et de colère à faire choir le Gouvernement et le Parlement, comme jadis le corbeau sur le Forum aux clameurs poussées par le peuple romain.

Nous citerons seulement les deux appréciations suivantes empruntées au journal la *France*.

VICTOIRE ALLEMANDE

Le gouvernement vient de commettre une grande faute, presque un crime, le général Boulanger est mis à la retraite d'office.

Cette décision a été prise au conseil des ministres qui s'est tenu ce matin à l'Elysée.

Quelles que soient les raisons que donnent MM. Tirard, Logerot et Flourens, le coup qui frappe le général Boulanger sera douloureusement ressenti dans la France entière.

On dira que le général Boulanger est venu sans permission à Paris; on dira que les journaux ont publié des lettres de lui; on dira tout ce qu'on voudra. Le pays, lui, ne verra qu'une chose.

Pour des motifs purement politiques, le gouvernement a frappé l'homme qui avait su rendre la confiance à la nation.

Pour satisfaire des rancunes inavouables, le gouvernement a brisé l'épée d'un général actif, intelligent et courageux, le plus jeune, avec Négrier, de nos généraux de division.

Pour inaugurer nous ne savons quelle nouvelle politique extérieure, le gouvernement a écarté le seul Français auquel l'Allemagne, depuis dix-sept ans, ait fait l'honneur de le craindre.

Voilà ce qui restera dans l'esprit public de cette décision de nos gouvernants :

Le général Boulanger succombe sous la coalition des ennemis de la République au dedans et des ennemis de la France au dehors.

Nous n'insisterons pas. Aussi bien nos lecteurs connaissent nos sentiments à ce sujet.

Souhaitons simplement que cette nouvelle victoire que l'Allemagne, de complicité avec des Français, vient de remporter sur nous, ne coûte pas trop cher un jour à la patrie.

Lucien Nicot.

LE PIÈGE

Résumant la réponse faite par M. Tirard, dans la dernière interpellation sur le général Boulanger, nous disions dans la *France* :

Pour essayer de justifier la première mesure prise contre le général, on ne trouve d'autre moyen que d'en annoncer une nouvelle plus rigoureuse que la première.

En d'autres termes, il était clair pour tous que le général Boulanger ayant été privé de son commandement sans motifs sérieux ni avouables, on allait, par des faits postérieurs à cette mesure, s'efforcer d'expliquer la décision prise contre lui.

Il suffit, pour montrer à quel point notre appréciation était exacte, de citer ces lignes empruntées à un journal qui, ce matin encore, se vante d'avoir, le premier, réclamé les mesures de rigueur en question.

Voici ce qu'on lit dans la *République française* :

« Nous croyons savoir que le conseil d'enquête n'a eu à se prononcer que sur les deux points suivants :

« 1. — Le général Boulanger a quitté son poste aussitôt après avoir reçu la nouvelle de sa mise en non-activité et sans remettre, comme le règlement l'ordonnait, son commandement à son successeur.

« 2. — Le général Boulanger a publié dans les journaux, sans l'autorisation du ministre de la guerre, la lettre par laquelle il demandait l'autorisation de venir à Paris.

« On voit que, contrairement à ce qui a été dit, le conseil d'enquête n'a eu à se prononcer ni sur les dépêches chiffrées adressées par le général Boulanger à ses amis politiques, ni sur sa participation à la campagne électorale faite sur son nom. »

Ainsi, de l'aveu formel des adversaires les plus ardents du général Boulanger, le conseil d'enquête n'a été saisi d'aucun fait antérieur à la publication au *Journal officiel* de ce rapport inoubliable qui lui retirait son commandement.

De cet aveu, il résulte encore que l'on a renoncé à ce roman, dont le rapport à l'*Officiel* semblait la préface, et qui affectait de présenter le général avec les allures d'un conspirateur se faufilant dans les rues de Paris en habit couleur de muraille.

Ainsi, on a renoncé, et forcément renoncé, à ces ridicules légendes ; on a renoncé aussi à ces calomnies qui circulaient dans les couloirs des Chambres sur des dépêches chiffrées prétendues accablantes et dont, par générosité pure, le gouvernement ne voulait pas se servir.

On a renoncé aussi à prétendre, car le contraire pouvait être établi, que le général avait participé à la campagne électorale dernière. On a renoncé à tout cela, et on se borne à le frapper pour ce fait si grave : la publication de la lettre au ministre de la guerre, lettre de pure formalité, des plus respectueuses, — comme d'ailleurs elle devait être pour le ministre, — et qui est, en somme, une demande des plus légitimes.

Au point de vue des règlements, on ne saurait nier que la publication n'ait été incorrecte. Mais, en examinant de près tous les faits, n'est-on pas conduit à se demander si, en la publiant. le général Boulanger n'est pas tombé dans un piège habilement tendu d'avance ?

On repandait à profusion, sur s·s faits et gestes, des insinuations plus malveillantes les unes que les autres. On disait, on publiait partout qu'il était venu conspirer et qu'il ne pourrait pas aisément donner de motifs acceptables pour justifier la nécessité de sa présence à Paris, il a cru que la justification était fort simple ; il a publié la lettre el il est tombé dans le piège.

A. Gaulier.

VIII

Nouvelle illégalité

Le Gouvernement, ou plutôt le ministre de la guerre, a commis une nouvelle et double illégalité aussi bien dans la composition du conseil d'enquête que dans la mesure appliquée au général Boulanger, en conséquence de l'avis émis par ce conseil.

Le choix de généraux, — notoirement hostiles à l'officier général incriminé, — est plus que suffisant pour motiver un recours au Conseil d'Etat et pour entraîner l'annulation de l'arrêt intervenu.

Quant à la mesure appliquée, nous prenons, dans le *Paris*, cette érudite consultation :

L'enquête terminée, le président posera au conseil la question suivante qui, parmi celles que spécifie le règlement, répond seule au caractère de la déclaration faite hier par M. le président du conseil à la tribune de la Chambre.

« M. le général Boulanger est-il dans le cas d'être mis en réforme pour fautes graves contre la discipline ?

Les membres du conseil voteront au scrutin secret, en déposant, dans une urne, pour l'affirmative, une boule sur laquelle est inscrit le mot *oui*, et, pour la négative, une boule portant le mot *non*.

La majorité formera l'avis du conseil.

Si cet avis est négatif, M. le général Boulanger sera ou non maintenu en non-activité, mais pourra être rappelé tout de suite à l'activité.

Si cet avis est affirmatif, le gouvernement restera libre d'en tenir compte, c'est-à-dire de ne pas aggraver le retrait d'emploi précédemment infligé à M. le général Boulanger, ou de le punir encore plus sévèrement par la réforme.

Mais c'est alors que surgira une grave difficulté pour interpréter les textes légaux.

L'article 9 de la loi du 19 mai 1834 sur l'état des officiers dit, en effet, que :

« La réforme est la position de l'officier sans emploi, qui, n'étant pas susceptible d'être rappelé à l'activité, n'a pas de droits acquis à la pension de retraite. »

M. le général Boulanger, qui compte plus de trente ans de service, qui a, par conséquent, des droits acquis à la pension de retraite, sans compter ses graves blessures, ses actions d'éclat et ses citations à l'ordre du jour, ne peut donc être frappé de la réforme.

Peut-il, sur l'avis affirmatif du conseil d'enquête en faveur de la réforme, être mis à la retraite d'office par décret du président de la République?

Voyons ce que dit à ce sujet la loi du 4 août 1839 sur l'état-major général de l'armée.

L'article 5, qui assimile la limite d'âge de soixante-cinq ans accomplis pour les services actifs des généraux de division, stipule la disposition suivante par son dernier paragraphe :

« Les dispositions de la loi du 19 mai 1834 restent applicables aux officiers généraux. »

L'article 7 de la même loi dit en outre :

« A l'avenir les officiers généraux, autres que ceux auxquels seraient appliquées les dispositions de la loi du 19 mai 1834, conformément au dernier paragraphe de l'article 5, ne seront mis à la retraite que sur leur demande. »

Parmi les dispositions susvisées, celle qui concerne la réforme ne s'étend évidemment pas au cas présent, puisqu'un officier qui a le droit d'être retraité ne peut être réformé.

Voici d'ailleurs, sur la retraite d'office, l'opinion de M. Paul Dislère, conseiller d'Etat, de M. H. Ducos, auditeur au Conseil d'Etat, et de M. G. Bouillon, avocat à la Cour d'appel de Paris, dans les deux volumes de leur *Répertoire administratif*, consacrés à la *Législation de l'armée française* et à la *Jurisprudence militaire* (1er volume, page 380, article 608) :

Les officiers généraux sont dans une situation particulière. La loi du 4 août 1839 a prescrit qu'ils ne seraient mis en retraite que sur leur demande. Le conseil d'Etat, se fondant sur ce que les dispositions de la loi du 19 mai 1834 leur sont applicables, a décidé (affaire Chadeylla, 16 décembre 1852), que dans le cas où il y a lieu de suivre les prescriptions de cette loi, relatives à la non-activité, les officiers généraux qui en seraient passibles peuvent être mis à la retraite sans qu'ils le demandent. *Nous ne pouvons admettre cette jurisprudence ; l'officier général peut être placé en non-activité par retrait d'emploi, mais rien n'autorise le ministre de la guerre à violer la disposition formelle de l'article 7 de la loi du 4 août 1839.*

Tel est l'état de la question.

Si donc le gouvernement imposait à M. le général Boulanger la retraite d'office, le décret pourrait être attaqué devant le Conseil d'Etat et rien ne prouve qu'il ne serait pas annulé pour violation de la loi.

Nous avons accompli une tâche pénible en écrivant pour nos lecteurs cette page de droit militaire. Nous terminerons en exprimant le vœu ardent que toute cette affaire se termine définitivement sans priver la patrie d'un de ses plus vaillants officiers.

H. BARTHÉLEMY.

Le général Boulanger, comme il l'a déclaré plus haut, professe le plus profond dédain pour ses persécuteurs comme pour les persécutions qu'il lui a fallu subir.

Il dédaigne, pour son compte personnel, de se servir des moyens que la légalité met à sa disposition. Il est le maître absolu de sa conduite ; mais il y a en dehors de lui, dans cette triste affaire, une question de principe et dans un autre ordre d'idées l'intervention du Parlement et du Conseil d'État s'impose.

Il est essentiel, en effet, pour tous les officiers de l'armée d'être fixé sur ces deux points ; c'est à dire de savoir :

1° Si les procédés policiers du ministre Ferron dans l'affaire Caffarel ont fait école et s'ils auront à compter dorénavant avec l'action de la police.

2° Si, par une étrange confusion d'attributions, ils sont placés, selon le bon vouloir de leurs chefs, sous la surveillance et le contrôle de la police ; et si, enfin, un simple rapport policier peut suffire pour briser leur carrière.

C'est sur ces points, de toute urgence et de toute importance, que le Conseil d'État et le Parlement doivent se prononcer, au plus tôt, pour la sécurité et l'honneur de l'armée.

IX

CONCLUSION

Un écrivain fort spirituel, nous avons nommé Aurélien Scholl, écrivait il y a quelques jours dans le *Matin* à peu près ceci, nous citons de mémoire : « Ce qui arrive à Boulanger m'afflige, il n'est plus permis d'être actif et intelligent sans susciter toutes les mauvaises passions, cela rend fort difficile le rôle des généraux en campagne, car un général heureux deviendra immédiatement suspect ; et nous ne serons pas étonné de voir un jour édicter une loi ainsi conçue :

« *Le général X... ayant battu l'ennemi sera immédiatement déporté.* »

Quelque chose d'analogue arrive au général Boulanger : « Les vieux ne peuvent lui pardonner d'être arrivé jeune ».

Le lâche qu'il a forcé à confesser sa lâcheté lui a voué une guerre à mort.

Il est mis à la retraite à moins de *cinquante et un ans* (en paraissant à peine *quarante*) dans la plénitude de ses facultés physiques et morales, dans toute la vigueur d'une intelligence exceptionnelle, ayant déjà une carrière admirablement remplie, c'était vraiment trop pour un homme seul il aurait pu prendre la devise de l'écureuil fameux: *Quo non ascendam !*

Dans ce siècle de médiocrités, c'était vraiment trop fort ! Il fallait aviser et l'arrêter à toute force dans son essor.

C'est ce que l'on vient d'essayer de faire, l'avenir nous apprendra si l'on a réussi.

En attendant, tout ce qu'il y a de vermines dans l'appareil vasculaire de la faction orléano-ferryste et des compétiteurs du général peut s'en donner à cœur joie : une ample pâture vient de leur être distribuée.

Réjouissez-vous ! gredins ! en attendant que vous pleuriez.

Quant à vous, Messieurs les 339 qui venez de faire monter le rouge de la honte et de la douleur au front de la Patrie, en cherchant à la priver d'une manière aussi indigne d'un de ses plus vaillants enfants, d'une de ses plus chères espérances ; nous vous ajournons aux prochaines élections législatives.

Le suffrage universel se chargera de vous enseigner le respect du droit et de la justice, son verdict sera votre châtiment, le corps électoral vous rejettera de son sein comme vous allez « vomir dans un hoquet », selon l'expression de Gambetta, le ministère sans nom qui vous a associé à toutes ces infamies et à toutes ces bassesses.

VERITAS.

P.-S. — **Dernière heure**. — Comme pour justifier à nouveau ce que nous avons révélé dès le début sur les errements opportunistes un journal le *Matin* vient de se déshonorer en publiant des dépêches privées, volées au général Boulanger et au comte Dillon, son intime ami.

Plainte est déposée au parquet.

Enquête administrative est ordonnée par le ministère honnête qui a succédé au ministère « *de doublé* » Tirard.

Il n'y a donc qu'à attendre la suite de cet évènement que le *Paris*, qui n'est cependant pas un organe boulangiste, qualifie de *monstrueux*.

Notre démonstration a été basée entièrement sur des documents officiels : nous ne citerons pas ces dépêches dérobées ; d'ailleurs nous n'avons aucun goût pour les choses volées et nous professons pour le « recel » une profonde horreur.

V....

X

EPILOGUE

Au moment où paraissent ces lignes, le ministère Tirard est par terre ; et, juste retour des choses d'ici-bas, il a été renversé sur la question de révision que le général Boulanger, devenu candidat, grâce aux vilenies du ministère Tirard, avait mis quelques heures auparavant en tête de son programme aux Électeurs du Nord.

Pauvre Tirard !

Vanitas vanitatum et omnia vanitas !

Le Ministère de la guerre est mis entre les mains d'un ministre civil, tout se paie ici bas, les évènements ont des conséquences fatales, inéluctables et celles-ci ne se sont pas fait longtemps attendre.

Un ministère de la guerre civil est la juste récompense de la conduite tenue par les deux derniers ministres de la guerre envers leur ancien collègue : on leur a appliqué avec une certaine désinvolture la vieille maxime :

Cedant arma togæ.

V.....

TABLE DES MATIÈRES

Paris. — Imp. N.-M. Duval, rue de l'Echiquier, 17.